【重新思考】

皇帝

從秦始皇到末代皇帝

胡川安——編著

目・錄

貳 從圖像中找皇帝：漢至隋代的帝王形象　黃文儀

參 龍興域外：來自內亞的皇帝　蔡偉傑

序　如何理解中國皇帝？

國立中央大學中文系助理教授　胡川安

如果我們思考中國歷史，要舉出其中幾個最讓人印象深刻的關鍵字，「皇帝」一定會是其中一個。所有的人都能夠舉出幾個皇帝的故事，有些人或許著迷於宮廷鬥爭的影視，成天追劇，欲罷不能。作為一個歷史學者，最常被問的就是：那些電視劇演的是真的嗎？

這本書不會回答這些問題。攤在讀者眼前的這本關於皇帝的書，不會有皇帝的稗官野史，也不會有後宮的情愛糾葛。然而，讀完本書一定會讓讀者對於傳統中國皇帝有更深的認識。

從清末以來，不少學者進行批判，將皇帝視為專制、獨裁、封建和落後，視其為傳統社會黑暗的根源。近來對於皇帝的關注可以分為兩個部分，一個是學界內部的思考，認為傳統中國皇帝的權力雖然專制，但是皇帝實際上難以個人的意志運作整個國家機器，仍必須仰賴官僚們的協作，方能貫徹施政作為。另外的是一般大眾對於皇帝和後宮的興趣，由於電視劇的關係，將皇帝和他的生活栩栩如生地呈現在螢光幕前，使得大眾對於皇帝有種不切實際的浪漫幻想。

本書就是在過往的討論上進行思考，並且提供可靠性的知識給予一般大眾。我們採取的視角是多元且帶有歷史的縱深，多元的面向呈現在方法和史料，過去研究皇帝多採制度史的角度，這樣的角度容易使得皇帝制度的發展呈現靜態，看不到其中的轉變和時代特性。

我們從秦始皇創制開始，除此之外，也理解異族統治（蒙古、金和清）下的皇帝制度有什麼變化？清代因為奏摺制度的實施，軍機處的創建，留下很多的檔案材料可供我們思考皇帝制度的特質，也讓我們理解皇帝與官僚們的互動。最後，我們透過清末民初知識分子的討論，理解皇帝制度被推翻之後，當時的輿論是如何思考皇帝的存續。由於視角放寬，史料的利用也就更為多元，有最新發掘的考古和畫像資料，思考皇帝在圖像當中的呈現，也有多種語文的史料。從不同的角度，動態的理解皇帝在傳統中國社會中的重要性。

「皇」字原義，從最早的文字材料上看，是光輝、美麗、偉大的意思，用於名詞則是君王的尊稱。「帝」字原指天帝、上帝，是宇宙萬物至高的主宰神。皇帝連稱，意思是「煌煌上帝」。秦始皇用「皇帝」作爲人間君王的稱號，是合三皇的「皇」與五帝的「帝」而成的，有神格化人君的用意。

建立秦帝國與皇帝制度的始皇帝，其所成就的不僅在於征服當時的天下，殖民各個地方、建立各種制度，始皇帝還創造了一種意識形態、一種理想，是所有傳統皇帝都必須參照的藍圖，喜歡他的學習他，討厭他的避開他，但都離不開始皇帝。

自從秦始皇一統六國，建立中國史上第一個帝國秦朝以來，皇帝就成爲帝制中國統治者的稱號。但是在長城以北的內亞也出現了由單于領導的匈奴帝國。如漢文帝劉恆給老上稽粥單于的信中所言，其父漢高祖劉邦曾規定「長城以北，引弓之國，受命單于；長城以內，冠帶之室，朕亦制之。」此後內亞與中原形成皇帝與單于所分治的局面。但隨著內亞民族與政權的更迭，到了柔然興起後，可汗成爲內亞統治者常用的稱號。而到了唐代，西南方的吐蕃帝國統治者則以贊普爲號。後來征服中國的內亞統治者，如遼金元清等征服王朝，其統治者也採用了皇帝的稱號。皇帝不僅存在於中國本部，甚至影響到了周邊文化與民族。

漢唐間的轉換是中國歷史上重要的變化，宋代的皇權歷經五代十國軍人以兄弟、義子武力獲取天下的經驗教訓，獲得權力之後至少在趙匡胤始，開始做得不只是收歸軍事、財政、地方兵權、政治，而是將權力核心緊緊抓在中央，並且強化自身訊息的溝通管道。皇帝面對廣土眾民較龐大的人口，勢必要發展出一套新的管理方式。又宋代的宰相並不是一人，而是應該視爲以宰執爲主的行政團隊，皇帝的行動並沒有想像的自由。王瑞來曾經討論過宋代的皇權與相權，同樣提出「宰執集團」的概念，這樣的形式比較像是共治，皇帝會刻意挑選能夠幫助他處理正事與管理行政官僚。「皇權」與「相權」是相對建構出來的議題，比較接近實情是皇帝與宰執集團共同屬於決策團體，由他們決定政策的風向，實際的狀況應該是「權歸人主，政出中書，天下未有不治。」

從宋到清，經歷了遼金元等異族統治，清代既是異族統治，又沿襲了部分明代的皇帝制度。雍正年間，因爲奏摺制度的實施，軍機處的創建，皇帝可以事無巨細地掌握臣工言動，權力集中，因而被歷史學者視爲中國歷史上皇權獨裁之顛峰。本書的觀點則從皇權與官僚體制互動的模式探討清代統治性質的演變，指出在雍正年間奠定下來的體制，雖然成爲盛清政府的運作模式。但皇帝實際上很難以個人的意志運作整個國家機器，仍必須仰賴官僚們的協作，方能貫徹施政作爲。然而，官僚體制本身就是一種「制君」的力量。雖然在清代中期以後軍機處與奏摺制度仍舊存在，但皇帝的個人意志卻逐漸隱沒於官僚體制的運作之下，實已非盛清的「獨裁」型態可比，呈現出清朝統治格局的重大變革。

清末民初的中國，面臨的是一急劇轉變的時代。上從國家型態、政治運作與思想文化型態，下至日常生活方方面面，皆被人們重新思考、檢驗。傳統中國的皇帝制度，自是各方人士的論爭焦點。環繞著「帝制」的諸多討論，從我們熟知的革命與立憲之爭，延續至民國肇建後的洪憲帝制、張勳復辟等事件，在在反映了「皇帝」似乎是中國轉入現代國家的進程中，一個難以揮棄的幽魂。從當時各種對此制度的論爭，也進而映顯了「帝制」、「國家」與「社會」在傳統中國內部複雜的關聯和交織互動。

從更廣闊的角度來看，中國有皇帝，日本有天皇，兩者都是世襲制，中國的皇帝從始皇帝開始，其後建立了朝代共有三十六姓，長命的朝代如漢、唐、宋、明、清，短命的如秦和隋，只有短短十幾年。日本天皇的系譜較爲統一，號稱萬世一系，東亞國家也只剩日本尚有皇帝。日本天皇於今年五月退位，新任天皇登基，本書通過中國與日本的比較，了解其中的差異與獨特性，讓讀者更能把握中國歷史的獨特性。

皇帝不只有一種，我們呈現的方式也盡量以多元的角度呈現傳統中國的皇帝。然而，皇帝雖然已經過去，但仍留在我們每個人的心中。二〇一八年三月習近平通過廢除國家正副主席的任期限制。此舉引起全世界的關注，很多媒體都說習近平像是要回到傳統中國的「皇帝制度」。權力無上限而且沒有任期和時間限制的領導人，的確像個皇帝。對於中國人而言，回到以往的皇帝統治是否是件壞事呢？

讀完本書，讀者或許可以找得到自己的答案。

重／新／思／考／皇／帝

｜第壹章｜

建立皇帝制度的人：始皇帝與他的帝國

胡川安

「秦始皇焚書坑儒。」毛主席立予駁斥：「秦始皇算什麼？他只坑了四百六十八個儒，我們坑了四萬六千個儒……我們與民主人士辯論過：『你罵我們是秦始皇，』不對，我們超過了秦始皇一百倍；罵我們是秦始皇，是獨裁者，我們一概承認。」——毛澤東

公元前二二一年，秦始皇統一當時的世界，並且創建相關的制度。然而，秦帝國在十四年後就崩潰了，時間雖短，留下的遺產卻相當巨大，甚至影響後來整個中國的歷史。秦崩潰之後，歷史上有太多的人討論秦的過失，從賈誼、柳宗元到民國初年的章太炎、顧頡剛、郭沫若……等。我們先來看看那些批評秦的人。

那些批評秦的人，反應當下的政治情勢

秦滅亡後不久，西漢初年的人對於秦的暴起暴落，記憶猶深，也是漢初知識分子和官員們深自反省的對象，其中又以賈誼的《過秦論》最爲人所熟知。《過秦論》以華麗的詞藻總結了秦由興盛到衰亡的過程，一開始說秦國從秦孝公以後變法圖強，後來統一天下，國勢大盛。賈被秦帝國的壯盛所震攝：

> 及至始皇，奮六世之餘烈，振長策而御宇內，吞二周而亡諸侯，履至尊而制六合，執敲扑以鞭笞天下，威振四海。南取百粵之地，以爲桂林、象郡；百粵之君，俛首系頸，委命下吏。乃使蒙恬北築長城而守藩籬，卻匈奴七百餘里，胡人不敢南下而牧馬，士不敢彎弓而報怨。

然而，賈誼筆鋒一轉，認爲秦以西僻之國崛起，完成帝國大業，但卻在短短十三年間崩潰，不得不讓人感嘆。爲什麼強大的秦帝國在農民的揭竿起義中滅亡，「爲天下笑者，何

也？」爲什麼呢？主因在於：「仁義不施，而攻守之勢異也」。整體看賈誼的文章，雖然批評秦始皇和秦的政策，但對於秦始皇統一天下抱持著肯定的態度，批評的是取得天下後的施政不得人心。

賈誼之後，漢代人敢正面評價秦始皇的不多，主要是因爲漢代立國的基礎就在秦的滅亡之上，過秦成爲政權的合法性。司馬遷的《史記》中提到爲秦立制度的李斯，指出：「使秦無尺土之封，不立弟子爲亡、功臣爲諸侯者，使後無攻戰之患。」司馬遷認爲李斯的建議，讓秦沒有諸侯可以保衛，種下了相互爭戰的因子。除此之外，漢代人論秦代的政治，有時雖然在討論秦代的過失，卻是在批評漢代的時政，並不一定是眞正的歷史分析。

秦始皇的功績太大，除了漢代的人直接面對秦的崩潰，讓他們震撼不已外，後世的人也會不時的討論他。秦的廢封建，改郡縣，一直是中國歷史上爭論不休的問題。中唐之後，出現了一篇深刻的文章，分析秦亡的教訓，就是柳宗元的《封建論》。甚麼是「封建」？就是將土地分封給諸侯，由於分封出土，皇帝的權力就不會那麼集中；相對的，郡縣制則由無法世襲的官僚來統治，皇帝是官僚的頂點，權力較爲集中。柳宗元認爲過去將秦的滅亡視爲是郡縣制，但他認爲重點不在制度，而在秦的急功好利，過度勞民。「失在於政，不在於制。」秦推行郡縣制，之後雖然有問題，但不在郡縣制本身，而在於「兵」，在於軍隊的控制。

讚美與批評秦始皇在歷代總是成爲當下政治的反應，從賈誼到柳宗元，立論的對象通常是現實，並不是研究歷史，而是用歷史說明現實政治該如何發展。將近五十年前，毛澤東也發表一系列對於秦始皇的看法，而且他透過柳宗元的《封建論》發表對秦始皇的看法，在一九七三年八月五日毛澤東寫了一首七言律詩《讀〈封建論〉呈郭老》：

勸君少罵秦始皇，焚坑事業要商量。
祖龍魂死秦猶在，孔學名高實秕糠。
百代都行秦政法，《十批》不是好文章。
熟讀唐人《封建論》，莫從子厚返文王。

詩中提到的《十批》指的是郭沫若的《十批判書》，郭沫若是贊同孔子而批判秦始皇的，毛澤東則是要郭沫若去讀讀柳宗元的《封建論》，贊同郡縣制。毛澤東認爲秦始皇對於中國的歷史貢獻很大，焚書坑儒只不過是一件小事情，而孔子所贊成的封建制不是好的制度。

差不多同一個時間，埃及副總統沙菲訪問中國，毛澤東又說了：

我贊成秦始皇，不贊成孔夫子。因為秦始皇是第一個統一中國、統一文字，修築寬廣的道路，不搞國中之國，而用集權制，由中央政府派人去各地方，幾年一換，不用世襲制度。

毛澤東贊同郡縣制的精神，並且同意柳宗元的立論，認為「失不在於州，而在於兵。」郡縣制會出問題是因為沒有把兵給控制好，兵如果能控制好，郡縣制也能好好發展，而這也是毛澤東「槍桿子出政權」的眞諦。

歷史上評論秦始皇的人不少，由於中國歷代皇帝雖然高舉儒術，但暗地裡使用法家治國，因此批評秦始皇的人多從儒家的角度出發，認為他不施仁義，焚書坑儒，實行暴政。那些批評秦始皇的臣子多半是從當時的角度，向皇帝上建言，希望意見能被採用，藉秦始皇的例子針砭時政，用來改變當下的政局。一九四九年之後，郭沫若的角色和中國歷代的臣子類似。然而，和以往不同的是，毛澤東不是傳統的皇帝，而是個當代極權政治下的強人，透過秦始皇實行「統一」的政策，讓新中國從一九四九年以前分崩離析的狀況下，達到實質的統一。毛澤東生平的最後幾年，聽聞了始皇帝的陵墓被找到了，而這也讓世人對於秦始皇的成就有更清楚的認識。

從始皇帝的地下宮殿，看到更具象的歷史現場

我們現在對於始皇帝的了解不只有《史記》、《漢書》的紀載，還有考古的紀錄。按照文獻的紀錄，始皇帝死掉的第二年，他的巨大陵寢才完工。秦二世皇帝胡亥將修陵工匠殺掉，防止有人洩漏地下宮殿的祕密。《史記》中紀載指出陵寢動用了七十萬的工匠，而且耗時三十八年，用了國家三分之一的稅收。

在沒有考古材料之前，關於秦始皇陵墓的規模，後世的人只能用想像的。一九七四年陝西的農民楊志發因爲打井取水的關係，挖井挖到一半，發現了過往沒有看到的「神像」，然而，隨著出現的文物越來越多，發現是一具具全副武裝的戰士。考古隊員後來聞風而至，發現將近八千兵馬的兵馬俑，震驚了全世界，才讓世人對於秦帝國有了物質上的實際想像。

秦始皇爲什麼要傾國家之力塑造大批的兵馬呢？有專家認爲，兵馬俑是秦始皇的地下軍團，除了兵馬俑，還有武備庫，爲了保衛長眠地下的秦始皇。由於古代中國對於死後的觀念，相信死後的世界和此生相似，秦始皇死後也想一統幽冥世界，大量的兵馬除了是他的保

鏃，也是統一死後世界的戰士。

始皇陵不只有兵馬俑和武備庫，兵馬俑應該只是秦始皇陵墓的一角，按照《史記》的紀載，秦始皇按照他創造的帝國建立了陵墓。目前考古學家大約知道秦皇陵的規模，但因爲太過雄偉巨大，所以無法開挖，一旦開挖，將無法保存。秦皇陵離地面有三十五公尺深，地宮跟一個足球場差不多大。但地宮只是始皇陵的一小部分，陵園的總面積有五六．二五平方公里，超過四分之一個臺北市，在陵上的封土有如一座小山，高達一一五公尺，目前風化掉，仍還有七十六公尺。在陵園內也有城垣，內城的周長三八四〇公尺，外城則有六二一〇公尺。

始皇陵讓我們對於秦帝國的想像有了實際的物質基礎，也可以了解到當時巨大的國家動員力，始皇陵的建造需要大量的勞力和大規模行政技術的發展才可以管理七十萬名修陵的人。除此之外，秦始皇還修築阿房宮、四川省的都江堰、從首都陝西咸陽往北的馳道和位於南方現在廣西的靈渠。秦始皇所打造的不只是一個新的國家或是帝國，而是一個新的世界、新的秩序，從天上到地下，構建出一個政治、社會和文化的綜合體。我們可以先將時間拉回到公元前三五九年的商鞅變法，從整體秦帝國制度的建立看起，接著再漸漸上升到文化、觀念和影響。

編戶齊民，讓秦成為最強的國家

秦始皇的霸業需要從戰國時代中晚期之後開始說起，大家耳熟能詳的「商鞅變法」讓秦國走向富強，其中最重要的關鍵就是讓國家可以掌握人民和資源，並且加以妥善利用。掌握人民必須先有戶籍制度，透過戶加以掌握，稱爲「編戶」。戰國以前的社會，人民的身分地位不同，國君以下還有不同階級的貴族，人民身分也世襲。戰國中後期之後，以往人民的等差逐漸消除，漸漸走向所有人都是國君的子民，形成一君萬民的社會，是謂「齊民」。

「編戶齊民」需要登入戶口，並且定期的查核，讓政府得以精確的掌握人口，控制人力資源。戰國時期，各國彼此爭戰，掌握人力就能在軍事戰爭中勝出。以往的封建時代，不是每個人都需要從事兵役，然而，隨著國家與國家間的衝突日益增加，爲了在戰場上獲勝，徵兵的需求變大，本來無須當兵的人也加入戰爭的行列。戰國時代中晚期以後，農民成爲軍隊的主力，國家透過授予人民田地，但同時有服兵役的義務，全國人民既是農民，也是軍人。

農民成爲軍隊的主力之後，要讓軍隊組織與國家的行政組織相配合，才能彼此支援。以戶為單位的戶籍系統中，軍隊組織中有一名兵士，就代表行政系統中必須有一戶。新的行政系統中，由於要擴充兵源，透過軍隊的組織「什」、「伍」重新整編地方行政系統。由於軍隊注重賞罰，而且還要連坐，讓軍令貫徹。戰國中後期之後不僅在地方行政系統中加入「什伍制」，還增加「連坐」的方式加以控制，而且鼓勵人民互相監視，檢舉不法的情事。

雖然是「齊民」的社會，但秦透過功勳爵制作為社會制度的基石，規範人民的社會地位，激勵人民的上進心。功勳爵制的概念是按照人民為國君建立功勞的程度加以計算，獲功的人可以有土地、田宅和其他的特權。秦功勳爵制的確立也在商鞅變法時期，由於當時列國間的征戰，一開始為了讓人民在戰場上努力建立戰功，授予爵位的對象主要是有戰功的將領和戰士。然而，不只有軍功之人可以授予爵位，只要對國君有功的，不管是政策的執行者，或是完成任務的刺客，或是糾舉出間諜的人，還是從他國帶槍投靠的投誠官吏……等都可以成為授爵的對象。

功勳爵制讓國君有一套獎賞的人力資源制度，而且不論身分的差別，全體人民都適用，讓社會上身分最低的人都有可能憑藉著軍功而往上升，和以往封建時代人民身分固定且世襲，沒有流動的可能不同。讓庶民有爵祿，刺激了人民向上的動力，而且爵制與官僚的職位是可以相互對應的，有爵制可以做官，爵位越高，官位也越大。除此之外，爵位也可以讓人民享有特權，每增加一級爵位，「益田一頃，益宅酒畝，級除庶子一人。」

秦漢時代人民都要服沉重的繇役，除了要服兵役之外，還要每年到政府單位從事勞役。但是，爵位如果到達「不更」的話，可以免除勞役的要求。如果犯了罪，有爵位的人還可以在某些場合不用穿囚服，無須帶刑具。秦講求法家思想，有賞有法，且公正不阿。秦始皇即使對自己的兒子也不加以分封，不幫他們稱王，親生的兒子雖然享有優渥的生活，但沒有功勞就不賜以爵位。

戰國中晚期後，由於列國間的征戰，在戰爭的壓力下，每個國家都變法改革，富國強兵，商鞅的變法最為成功。編戶齊民雖然不是商鞅的發明，但在秦國相關措施執行的最為細緻且徹底，所以也讓秦成為最強的國家。國家的組織和結構在秦孝公時徹底改變。除此之外，秦還發展出一套「殖民主義」，使他在戰爭中獲勝，攫取他國的土地後，知道如何改造別人的國家，並且更加強大。

秦利用殖民主義，發動戰爭統一天下

孝公在變法之後，秦國日益強大，開始圖謀東方之事。惠文王於公元前三三八年即位，在孝公變法圖強的四分之一世紀後，惠文王所圖謀者已經與孝公不同。孝公立志收復失去的土地，惠文王則是開始與東方六國一決雌雄。然而，秦國雖強，卻無法以一敵多，秦國以陝西渭水流域爲主，西至今天甘肅的東南部，東大致沿著今日晉陝之間的黃河爲界，東南部有一部分伸入今日河南省的靈寶。從古代的典籍來看，其東和魏、韓及大荔之戎交界，南和楚、巴與蜀爲鄰，西面則以緜諸、烏氏等戎國交界，北面是義渠、朐衍等戎國爲鄰。秦國的建國與霸業的形成有一部分來自於與這些族群的鬥爭，穆公三十七年時（公元前六二三年），用由余謀伐戎王，「益國十二，闢地千里，遂霸西戎」。較諸於其他的國家，韓、魏、齊雖有地理之便，卻擠身於中原，擴地的範圍有限，而且中原局勢牽一髮動全身，隨時有引發國際戰爭的可能性。除了西面以外，秦國南面的蜀「其國富饒」，擴地既可以不驚動國際局勢，又可以富厚其國。

尋求一個廣大的腹地以增加自身的後援基礎，打破七雄在政治、經濟與軍事的均勢狀態，即爲秦國欲統一天下的關鍵，成都平原即爲秦國的最佳選擇。秦國想要南進的障礙在於當時南方最強大的楚國，兩者不惜發動數次戰爭以爭取成都平原，即說明了秦楚都深知成都平原在戰略地位上的重要性。日後秦對楚的戰爭中，由於善用成都平原在戰略上的地位，減低了統一過程中的障礙。

透過軍事的爭伐，秦國取得了成都平原的統治權，由於兩者的距離將近一千公里，中間又有秦嶺與巴山阻隔。戰國時代的七國，從來沒有在如此的距離與面積規模上，控制過社會與文化這麼複雜的地區，再加上秦國因爲內外因素，促使它採取一國兩制的方式，繼續維持成都平原舊有的勢力，並享有名義上的統治權。然而，商鞅變法後的秦國脫胎爲中央集權的領土國家，一國兩制促使地方與中央的關係始終處於緊張的關係，其舊有勢力在半個世紀後加以取消，秦打算徹底的加以改造成都平原。

秦作爲四川的「殖民地」，在統治的過程中，推出一系列的「殖民政策」，發展殖民主義，改造成都平原的第一步即是築城，築城與設縣在秦國的發展過程實爲同一件事，戰國所出現的縣與以前的統治方式相異，這種縣的設置大多是與中央政府領地不接壤，而懸繫於中央之外的城邑，屬於國君直轄之地。征服佔領之後，爲保持戰果或防患敵人捲土重來而築城戍守。秦國在征服成都平原後的半個世紀裡，採取的策略是繞過三晉地區，轉向南方的巴、蜀尋求另一個根據地。透過對成都平原的直接控制，以此對楚國進行後方的襲擊。在城市管理制度方面，商鞅變法直接在「工商食官」的舊體制之上建立起龐大的官營手工業，舉凡對於林礦資源的管制、貨幣的發行、農具、銅兵器、磚瓦、乃至一部分日用陶器都由官府作坊生產，分職也極細密。這樣的體制原本施行於變法後的秦國，當成都城建立之後，同樣的體制也適用於成都平原，這是秦的經濟管理制度第一次在本土以外的地方推行。

秦國的殖民主義也展現在經濟剝削上。據有成都平原將近五十年後，決定命郡守李冰在成都平原築都江堰，其所耗費的人力、財力與物力象徵著秦國在此地政策的轉向。都江堰的水利工程，它的重要性展現在兩個面向：其一，治洪及其所伴隨的糧產增加，在糧產上的豐富性給予秦國軍隊良好的軍事後援基礎；其二，運輸及戰略上的意義。

成都平原由於地勢低平，岷江水一出山口，流速驟減，時常氾濫成災。而且由於岷江的降雨豐沛，再加上高原上豐富的雪水融入岷江之中，岷江成爲成都平原的利弊之源。需透過適當的因勢利導，才能興利除弊。距今約二二〇〇年的戰國時代，秦國蜀郡太守李冰，吸取前人的治水經驗，率領當地人民，興建水利工程。這項工程包括魚嘴、飛沙堰和寶瓶口三個主要組成部分。其一，主流分流，在岷江入平原之處，將之一分為二，魚嘴修建在江心的分水堤壩，把洶湧的岷江分隔成外江和內江，外江排洪，內江引水灌溉；其二，將內江再一分為二，以縮小水量。其中的飛沙堰起洩洪、排沙和調節水量的作用；寶瓶口控制進水流量，因口的形狀如瓶頸故稱寶瓶口。其三，內江水經過寶瓶口流入川西平原後，開設數十條渠道加以分流，作為灌溉農田之用，並且形成灌溉網絡。關於這個工程，在文獻上的記錄，《華陽國志・蜀志》：

穿郫江、檢江，別之流，雙過郡下，以行舟船。岷山多梓、柏、大竹，頹隨水流，坐致材木，功省用饒；又溉灌三郡，開稻田。於是蜀沃野千里，號為「陸海」。旱則引水浸潤，雨則杜塞水門，故記曰：水旱從人，不知飢饉，時無荒年，天下謂之「天府」也。

在古典文獻上所留下的史料並不多，惟都江堰持續兩千年仍繼續使用，留下最好的證據顯示出此項工程的重要性。李冰疏理岷江的主流以及成都周邊的支流，使岷江出岷山入平原後所抑積之水得以暢流無阻。成都周圍於是不再為水患所苦，也可以透過方便的水源加以灌溉農田，沃野千里。

建築都江堰還有運輸及戰略上的意義，從《史記．河渠書》中可以見到：「蜀守（李）冰鑿離堆，辟沫水之害，穿兩江成都之中。此渠皆可行舟，有餘則用概浸。」將都江堰與春秋戰國時許多著名運河放在一起敘述，表明李冰興修這一工程的動機，除了要消卻水患、增加農產外，另外一個重點在於航運交通開發。因為那時蜀郡中心，雖有一條岷江，足以直下長江。但這條大江，距離政治經濟中心的成都尚嫌太遠，直線距離也有百里之遙。客貨從成都出境入境，都需要經過頻繁的轉載，延誤了時機，浪費了人力和金錢，不符合成本。因此，開闢一條專門航道，將岷江與成都連通起來，便成為經濟開發的必要前提，這才有了都江堰的創建。漢唐文獻，往往直接稱都江堰為「成都二江」，即基因於此。

穿過寶瓶口進入郫江和流江，直奔成都——後來演變成府河和錦江，構成輻射名都的主要航線。這二江雙雙來到成都城南，並行了一段之後，合二為一，轉向西南，又延伸通人岷江，形成一個環狀的航道圈。從此，岷江上游的竹木，幾乎不花任何運費就積聚到成都來，用以建造房屋和巨大的船舶。直到三國晚期，西晉的太守王濬為了消滅東吳，還曾在成都建造大量巨艦，劈下的斷木和刨花，順水漂進長江下游的吳國，鋪滿了江面，使守軍大吃一驚。

在缺乏現代運輸工具的戰國時期，大部分都靠陸路運輸物資，最大運力不過是騾馬拉的車輛，此外則是人力的肩挑背馱。仔細算來，陸上運輸量實在太小，行速也非常之慢；可是水上運輸就大不相同，一條大船的裝載量，可以抵得幾十輛騾馬車，還能同時載人。河川的迂曲程度，一般比陸路小；而且沒有高低起伏。因此，古代的交通開發，航運是首選之策。

運輸的便利強化了成都平原在戰略上的重要性。在秦併成都出平原之前，早已有相關的討論指出水運與戰略間的密切關係。「蜀地之甲，乘船浮於汶，乘夏水而下江，五日而至郢。」秦在統一天下的戰爭中，善用成都平原的戰略地位，大大削弱了楚國的勢力。

秦利用殖民主義控制四川之後，掌握了大量的人力和經濟資源，足以發動六國戰爭，完成天下的統一。除此之外，秦也利用在四川的殖民方式，將六國的人民遷到四川，拔除他們在原居地的勢力。

秦代的移民，主要可以分爲三種：其一爲政治方面。此類移民在原有地域爲有勢力的家族或世家或是負有重大過失的政治犯，透過遷徙可以削弱其在當地的勢力；其二則爲經濟方面。最主要爲徙遷之地有富厚的農礦資源，透過徙民可以加以開發；其三爲從國防方面而論。秦代之國防遷民主要有兩種，一爲遷民實邊，二是遷民實都。上述三種遷民者，在成都平原都可以見著到。

從考古所出土的竹簡，裡面顯露出了當時的法律制度，我們發現遷往四川是秦經常實施的措施。除了法律的材料外，在《史記》與《華陽國志》當中有著不少遷蜀的記錄。他們有些爲重要的政治犯及其家屬黨羽，如嫪毒與呂不韋。「（嫪毒）及奪爵遷蜀四千家」，如果以一家爲四至五人，即有將近兩萬人的大規模移民；以呂不韋在秦國宮廷的勢力，相信不會少於這個規模。

我們也可以發現秦國將六國人民遷往臨邛、葭萌、房陵和嚴道等地，這些地方爲成都平原的邊緣之地，是平原入山之處，爲重要的邊防之地。然而，這些地方有些爲重要的林礦資源產地，在邊防與戰略上的地位相當重要，故也成爲移民的重要據點之一。

秦在消滅六國後，也將他們的宗室逐一遷走原來的地點，原本六國的移民很多被遷入四川。公元前二二九年，秦破趙，次年俘趙王而遷至巴蜀地區的房陵；公元前二七八年秦將白起拔郢都之後，在原楚國腹地建立了南郡，並徹底的摧毀楚人經營四百多年的都城。考古發現證實紀南城在楚統治時期人口相當多，城的周圍楚墓群數量相當龐大，爲楚墓分布最爲集中的地區；但在白起之後，這一帶戰國晚期到秦代的墓葬卻很少發現，說明紀南城附近的人口已相當稀少，這些人口除了逃亡和被殺之外，很有可能被迫遷入四川等地。公元前二二二年，秦滅楚，楚王宗室被遷至蜀。將這些大六國宗室加以遷移的目的在於拔除其舊有的勢力，以使其無法捲土重來。

當秦國能善用成都平原的戰略位置，都江堰的水利建設也使此地的米糧物資，成爲六國戰爭中重要的後援。在將近一個世紀的統治之中，秦國由於成都平原，改變了七雄之間僵持不下的態勢。另外，透過國家所主導的徙民計劃，在戰爭的過程中，將各個城市與控制經濟實力的豪強加以遷徙，消除其在原居地的勢力，也使得秦帝國的形成較爲順利。

有了四川這個強大的腹地，秦始皇即位後，透過七、八年的籌畫準備，知道大勢已經在他的手上，決定消滅六國。鄰近秦的韓、趙、魏，地處中原，在秦強大的過程中，時常與秦征戰。當秦國勢蒸蒸日上時，他們相形之下就趨於弱勢。秦始皇選擇由近且弱的國家開始呑併。

韓、趙、魏拿下後，秦始皇由於有四川的地理之便，透過長江上游的四川，攻擊長江中游的楚。以兩路進攻，征服楚國。燕國處於東北，雖然是大國，但其時國勢已弱，秦始皇攻克韓、趙、魏和楚之後，燕國已非秦之敵手。曾經與秦國一起都是天下霸主的齊國，在燕國滅亡之後，透過大軍壓境，讓齊國知道沒有贏的可能；另外透過誘惑的方式，提供投降後的優渥方案讓齊國的高層喪失抵抗力，最後不戰就拿下了齊國。

讓秦贏得六國戰爭的方法在於商鞅變法後的政治與社會基礎，後來秦透過蜀地的殖民政策，完全的可以利用當地的經濟資源，讓它成爲超級大國，無人可敵，六國對於秦來說已經是囊中物，攻克只是時間的問題。

秦始皇為方便統治，統一所有事情

秦始皇征服六國，分別是韓、趙、魏、楚、燕、齊六國，後來還北征匈奴、向南討伐南越。對於當時的人而言，這就是他們的世界，所以秦始皇不只是戰勝了六國，而是贏了「天下」。「天下」究竟在哪？當時的人心目中如何看待如此龐大的統一事業呢？

所謂的「天下」和「四海」等辭彙在西周的文獻中經常出現，例如：《尚書．大禹謨》記堯「皇天眷命，奄有四海，爲天下君」、《尚書．益稷》中有「光天之下，至於海隅蒼生，萬邦黎獻」。下至春秋時代，我們可以看到《論語》中有「巍巍乎舜、禹之有天下也而不與焉。」除了「天下」，當時還流行「四海」的概念。如果我們仔細推敲古典文獻中的意涵，可以發現其中沒有實質地理學上的意思，無法在實際的地點上找到。而從《中庸》中的「天之所覆、地之所載」可以看到將世界都當成「天下」。

然而，從西周到春秋戰國時代，當時華夏族群的互動範圍越來越大，他們的「天下」隨著勢力範圍的擴展，慢慢的摸索出了一個邊界。尤其是在春秋戰國時期，中原諸國和周邊的族群發生不少的衝突，衝突是刺激族群意識發展的重要原因。在互動和交流中，到了戰國時期，中原國家已經逐漸地了解到自己的世界，「天下」從一個模糊的概念，慢慢的具體化。

因此，秦不只征服六國而已，而是征服了當時的世界。當取得如此龐大的地域時，就要開始要規劃這個世界的藍圖。六國剛滅亡時，秦朝「王天下」，以往的所有王朝從來沒有統治天下的經驗，所以在朝政上想要解決的問題就是該用什麼樣的體制才能符合新建立的政體。丞相王綰結合以往的歷史經驗，認爲應該要分封王子爲諸侯王，在邊區鎮守，讓這些諸侯守護中央，結合郡縣制與封國制。然而，廷尉李斯則認爲以往的歷史經驗不足取，周朝分封子弟到各地，結果隨著時代往下，越來越疏遠，到最後有如仇敵般的相互攻擊，所以應該完全採用郡縣制。秦始皇採用李斯的建議，將天下分爲三十六郡，後來新征服的地方也設置郡縣，全國一體採用，確立中央集權的制度。除此之外，秦始皇爲了方便統治，統一了貨幣、文字、車軌與度量衡。秦始皇的措施影響往後兩千多年的歷史，達到政治與文化實質上的整合。

由於秦始皇達到前所未有的功績，結束數百年的分裂後，認爲自己的功德高過以往歷史上偉大的三皇、五帝，皇和帝在此之前是作爲分開的稱謂使用；皇通常是作爲祖先、神和偉大統治者的意思，而帝一般也被作爲偉大統治者的意思，秦始皇便將「皇」和「帝」合併以表明自己的偉大，自己爲「始皇帝」，希望將帝國傳諸萬世。

秦帝國只傳到二世，但作為建立皇帝制度的人，秦始皇開啟了兩千年的帝制。所謂的「百代猶行秦政法」，不只是秦的政治制度，還有法律規範，以及由秦所建立的統一措施。秦末大亂後，劉邦和項羽兩強的征戰，最後由劉邦獲勝。繼承秦帝國的漢，以往認為劉邦屏除秦的嚴酷法令。然而，透過最近出土的文獻資料，改變了以往的看法。漢帝國是秦的繼承人，「漢之法制，大抵因秦」。透過繼承皇帝的稱謂，也繼承了後面的統治制度和觀念。從郡縣制、禮儀和文化，無一不繼承秦的制度。漢武帝可以說是秦始皇的愛慕者，無一不學秦始皇，而且還更進一步的深化中央集權措施。

司馬光曾說：「孝武窮奢極欲，繁刑重斂，內侈宮室，外事四夷；信惑神怪，巡遊無度，使百姓疲敝，起為盜賊，其所以異於秦始皇者無幾矣。」點出了漢武帝和秦始皇之間沒有什麼差異。或許可以說秦開創皇帝的制度，漢帝國繼承後，在其基礎上讓皇帝制度和相關的組織更加完整。後世的朝代對於皇帝制度也是繼承，因應不同時代的需求加以變革，萬變不離其宗，所以柳宗元才會說：「秦制之得，亦以明矣。繼漢而帝者，雖百代可知也。」即使是外族建立的清朝，清末的維新志士譚嗣同也說：「二千年來之政，秦政也。」

秦始皇的影響力不只兩千年，在一九一二年共和建立後，還是有很多統治者想要追隨他的步伐，從秦始皇的措施來思考中國的政治，像是毛澤東就留下很多討論秦始皇的文字。秦始皇成為皇帝和想像皇帝的一個來源，有些皇帝罵他、有些皇帝學他，但心中都有一個他。他是一個標竿，一個制度的創始人，也是中國歷史重要的本質。

參考書目

(1) 杜正勝，《編戶齊民》（臺北：聯經，一九九〇年）。

(2) 邢義田，《天下一家：皇帝、官僚與社會》（北京：中華書局，二〇一一年）。

(3) 胡川安，〈由成都平原看中國古代從多元走向一體的過程〉（臺北：臺灣大學歷史系碩士論文，二〇〇六年）。

(4) 張分田，《秦始皇傳》（臺北：臺灣商務印書館，二〇一六年）。

(5) 蕭璠，〈皇帝的聖人化及其意義試論〉，《中央研究院歷史語言研究所集刊》六十二：一（一九九三：三），頁一—三十七。

(6) 鶴間和幸，《始皇帝的遺產：秦漢帝國》（臺北：臺灣商務印書館，二〇一八年）。

第貳章

從圖像中找皇帝：漢至隋代的帝王形象

黃文儀

紐約大都會藝術博物館中收藏眾多精美的中國文物，其中最著名的正是「皇帝禮佛圖」。這幅北魏時期的石刻浮雕原本位於河南省洛陽的龍門石窟西山北段賓陽中洞窟門北側，與南側的「皇后禮佛圖」相呼應，但一九三四年，遭到一名北京商人盜鑿，轉賣給美國紐約大都會藝術博物館，次年入藏該館至今。[1] 雖然浮雕現況毀損嚴重，但比對拓片以及二十世紀初拍攝的照片，還是依稀能分辨出浮雕上有一名男性供養人較於其他人穿戴有所不同。許多學者根據人物的冠飾、比例、布局，推斷頭戴冕旒的供養人，應是皇帝，而皇帝前後有戴籠冠、執傘蓋的侍從、戴遠遊冠的諸王、戴高山冠的謁者僕射等人。更重要的是，《魏書．釋老志》記載，景明元年（五〇〇年），北魏宣武帝為其雙親孝文帝和文昭皇后祈求冥福，積累功德而下令在洛陽南郊龍門地區開鑿石窟兩所，由於工程難度太高，加上宮廷內亂，直至孝明帝正光四年（五二三年），僅完成一窟，也就是帝后禮佛圖原先所在的賓陽中洞。[2] 學者便藉此推論兩幅禮佛圖中的皇帝是孝文帝，而皇后即文昭皇后。[3]

倘若如此，龍門石窟這幅皇帝禮佛圖就不僅在佛教史與藝術史上具有重要的地位，其價值還在於該圖可能是現存最早公開展示的「本朝皇帝形象」。

古羅馬與秦漢皇帝像大不同

由於唐代以後皇帝像傳世作品與文獻記載較多，歷來學者多有討論，因此，本文重點在

1 關於皇帝禮佛圖被竊始末，已有不少論著，如 Karl E. Meyer and Shareen Blair Brysac, *The China Collectors：America's Century-long Hunt for Asian Art Treasures* (New York, NY: Palgrave Macmillan, 2015)；Warren I. Cohen, *East Asian Art and American Culture：A Study in International Relations* (New York: Columbia University Press, 1992)；Amy Mcnair, *Donors of Longmen Faith, Politics, and Patronage in Medieval Chinese Buddhist Sculpture* (Honolulu: University of Hawai'i Press), 2007, 頁41-43；劉連香，〈美國大都會藝術博物館藏龍門北魏《皇帝禮佛圖》考辨〉，《故宮博物院館刊》，二〇一三年第一期。最新研究成果則是Flecther Coleman, "Fragments and Traces: Reconstituting Offering Procession of Empress as Donor with her Court," *Orientations* 49.3 (May/June 2018): 94-101。

2 〈釋老志〉原文爲：「景明初，世宗詔大長秋卿白整準代京靈巖寺石窟，於洛南伊闕山，爲高祖、文昭皇太后營石窟二所。」

3 如 Mcnair 2007，頁四十三—四十四。

▲現藏於荷蘭萊頓的羅馬皇帝像。

於漢代至隋代皇帝像。[4]但進入主題之前，讓我們先將視線拉到西元前一世紀的古羅馬帝國，有一個參照點或許會讓接下來要討論的皇帝形象問題更清楚一些。研究秦漢與羅馬帝國比較史的學者往往會注意到一個顯著的現象，那就是我們對古羅馬皇帝的樣貌十分熟悉，卻對秦皇漢武的長相一無所知。原因之一就是古羅馬皇帝熱衷展示自己的形象。[5]

羅馬帝國第一任皇帝奧古斯都（Augustus）就是一個絕佳的例子。他的肖像廣泛出現在雕像、浮雕、繪畫、胸甲、戒指、餐具等不同載體上，以金、銅、大理石、玻璃、陶器、木頭等不同材質呈現。他的肖像遍布全國。一名學者曾評論道：「無論是廣場、教堂、長方形大會堂、聖所、凱旋門、劇場、公共浴場、競技場，還是在商店、房屋及私人莊園，奧古斯都像無所不在」[6]。如果再加上刻有奧古斯都形象的錢幣，毫無疑問，羅馬人走到哪裡都會看到奧古斯都。即便身處在帝國邊境，羅馬人也隨時在帝國之眼的凝視下。

值得注意的是，奧古斯都對自己的形象如何呈現有著高度的自覺。起初他先跟幾個親近的臣子商量要怎麼呈現他的外貌，以及他的肖像要傳達何種訊息。然後把商議結果提供給幾個彼此競爭的作坊，負責製作其肖像，再根據作坊的提案，進一步改善肖像的設計。等到最終金或銀製作的肖像原型出爐之後，再大量複製成石膏模子，提供給羅馬城內外有興趣製

4 相關討論可見巫鴻，《武梁祠——中國古代畫像藝術的思想性》（北京：三聯書店，二〇〇六年），頁二一六—二二七。Michael Nylan, 'The Rhetoric of 'Empire' in the Classical Era in China', pp. 39-64 與Michèle Pirazzoli-t'Serstevens, 'Imperial Aura and the Image of the Other in Han Art', pp. 299-317. 這兩篇文章皆收錄於 Fritz-Heiner Mutschler & Achim Mittag, ed., *Conceiving the Empire: China and Rome Compared* (Oxford/New York: Oxford University Press, 2008)。

5 關於羅馬帝國皇帝形象的研究，經典著作之一是Paul Zanker, *The Power of Images in the Age of Augustus* (Ann Arbor: University of Michigan Press, 1989)。

6 Rolf Michael Schneider, "Image and Empire: The Shaping of Augustan Rome," in *Conceiving the Empire: China and Rome Compared,* p.284。

作奧古斯都像的作坊。[7] 奧古斯都不僅要求作坊只能製作呈現他年輕時期外貌的肖像，而且他早、晚期的肖像也有所差異：在他的名字還是「屋大維」（Octavian）時，他的肖像比較年輕、瘦削；等到他接受具有神聖意涵的「奧古斯都」（Augustus）稱號後，其肖像比例勻稱、神情冷靜，展現一個永恆不變、神聖的形象。另外，在屋大維時期，他的肖像前額頭髮蓬亂，但奧古斯都像的每一綹頭髮都根據古典對稱原則精心安排。[8]

反觀秦漢時期，情況似乎完全不同。目前既沒有發現任何繪有或刻有皇帝形象的實物，文獻中也缺乏相關記載。儘管在東漢時期，人們已經知道在絲路極西處的大秦國（羅馬）「以金、銀爲錢」，[9] 可能也知道羅馬帝國的錢幣上有其皇帝肖像，但漢朝皇帝卻未曾採取同樣的政策。我們應該怎麼理解雙方這方面的差異呢？

漢代人物畫，少以生人為主題

事實上，中國並非對描摹人物畫像不感興趣。[10]至少在西漢時期，已經出現人物畫。如太史公司馬遷原本以爲張良長得魁梧奇偉，結果「至見其圖，狀貌如婦人好女」，[11]令他相當訝異。漢宣帝也曾下令在未央宮中麒麟閣裡繪十一功臣圖，「法其形貌，署其官爵、姓名」。[12]在出土文物中，墓主像一部分出現在地下墓室裡，一部分則見於地上祠堂，前者如

7 Schneider, P.279。
8 Zanker 1989, PP.98-100。
9 《後漢書》，卷八十八，西域傳。
10 Pirazzoli-t'Serstevens, P.301。
11 《史記》，卷五十五，留侯世家。
12 《漢書》，卷五十四，蘇武傳。

湖南長沙馬王堆一號墓一幅帛畫上的墓主辛追側身像，[13]後者可以以山東嘉祥焦城村祠堂後壁畫像石上的墓主像爲例。甚至有帝王的圖像，如山東嘉祥武梁祠有三皇五帝像，每一位帝王旁邊還附「伏羲」、「黃帝」等榜題，並有簡單說明。[14]東漢王延壽在〈魯靈光殿賦〉中也提到，西漢魯恭王劉餘王府裡的一幅壁畫上繪有「黃帝唐虞。軒冕以庸，衣裳有殊。下及三后，婬妃亂主。忠臣孝子，烈士貞女」。[15]古聖王及其后妃的圖像在漢代應有一定程度的流行。根據曹植〈畫贊序〉，東漢明德馬皇后也曾跟明帝一起觀賞虞舜、娥皇女英的圖畫。[16]

除了古代統治者的圖像外，漢代還流行與秦始皇相關的形象。如武梁祠裡有荊軻刺秦王畫像，人物之一有「秦王」的榜題；在山東、江蘇、河南、四川地區也出土三十多幅漢畫像石撈鼎圖，長期以來絕大部分學者主張這類撈鼎圖表現的是秦始皇在泗水流域撈鼎不獲的故事，圖中主角就是秦始皇。[17]不過，三十多幅撈鼎圖中，只有一幅寫有「大王」的榜題，而無論是荊軻刺秦王像或是撈鼎圖，畫中人物的大小、衣冠差別皆不明顯。若是沒有榜題，實在難以分辨眾多人物之中究竟哪一個才是秦始皇。工匠之所以這麼做，一來可能是這些畫像石本是墓葬裝飾的一部分，榜題的有無不是重點，一來可能是刻意模糊畫中人物的身分，如中央研究院院士邢義田教授指出，「委造畫像墓或石槨的人和工匠從一開始就無意刻畫一幅意義明確的始皇泗水撈鼎畫像。他們心目中的鼎並非始皇嚮往的周鼎，而是西漢方士口中的黃帝之鼎。撈鼎的目的不在得鼎，而在鼎中之龍。」[18]

上述畫像的主角不是傳說中的人物，就是已故之人。雖然先秦兩漢時期的文獻可以見到爲在世之人作畫的例子，但恐怕是少數，如東漢趙岐生前預作墓壙，在墓中「自畫其像，居主位」，「圖季札、子產、晏嬰、叔向四像居賓位」。[19]假使他的行爲實屬尋常，恐怕不會載入史冊。

13 文物出版社編，《西漢帛畫》（北京：文物出版社，一九七二年）。
14 巫鴻，《武梁祠：中國古代畫像藝術的思想性》（北京：三聯書店，二〇〇六年）。
15 蕭統編，《昭明文選》，卷十一。
16 見嚴可均輯《全三國文》，卷十七。
17 關於這些圖像的研究，可參見黃瓊儀，《漢畫中的秦始皇形象》（臺北：臺灣大學歷史研究所碩士論文，二〇〇六年），以及邢義田，〈漢畫解讀方法試探——以「撈鼎圖」爲例〉，收入顏娟英主編，《中國史新論．美術考古分冊》（臺北：中央研究院．聯經出版事業公司，二〇一〇年），頁十三—五十四。
18 邢義田，〈漢畫解讀方法試探——以「撈鼎圖」爲例〉，頁五十。
19 《後漢書》，卷六十四，趙岐傳。

不過，趙岐的例子也告訴我們，儘管他對自己的墓壙與喪葬儀式要求簡樸，只需「墓中聚沙為牀，布簟白衣，散髮其上，覆以單被，即日便下，下訖便掩」，但畫像對他而言仍不可或缺。這暗示墓主畫像在喪葬儀式中的重要性，其用途可能同於馬王堆一號漢墓中帛畫上的墓主像，乃是死者本人或其靈魂的象徵，在弔喪儀式中受人祭拜，而帛畫則是死者靈魂寄託所在。[20]

另一類人物畫則具有道德教化的功能。如王延壽認為魯王靈光殿中的圖畫功用在於「惡以誡世，善以示後」，可見人物無論評價好壞，都可以作為觀畫者的借鏡。司馬遷外孫楊惲便曾指著宮中西閣裡的桀紂畫對樂昌侯王武說：「天子過此，一二問其過，可以得師矣」。[21]而東漢靈帝也下詔作為皇宮藏書所在的東觀畫大臣高彪像「以勸學者」。[22]不僅統治階層如此，地方官吏也以畫像的方式表彰人物。靈帝年間，因欣賞學者陳紀的孝行，豫州刺史上書中央，請求將陳紀的畫像廣傳豫州各城，「以厲風俗」。[23]民間也可以見到類似的做法，如東漢學者蔡邕死於獄中後，兗州、陳留地區的人「皆畫像而頌焉」。[24]不過，很難說這些百姓的舉動是受到官方的影響，或是該地原本就有這類的習俗。

另外，早期的人物像多作側面像，巫鴻在武梁祠的研究中指出這類圖像的人物總是沿著畫面向左或向右行進，而且畫面中不只一個人物，人物之間互有關聯。這類圖像「一般以表現某個故事情節或生活中的狀態爲主題」，其構圖屬於「情節式」（episodic）。[25]

20 鄭岩，〈墓主畫像研究〉，《中國漢畫學會第九屆年會論文集》（北京：中國社會出版社，二〇〇四年），頁二五七—二五八。

21 《漢書》，卷八，宣帝紀。

22 《後漢書》，卷八十下，文苑列傳。

23 《後漢書》，卷六十二，陳紀傳。

24 《後漢書》，卷六十，蔡邕列傳。

25 巫鴻，《武梁祠》，頁一四九—一五〇。

漢代至南北朝帝王像，採側面形式及情節式構圖

作爲漢代人物畫的一種，漢代帝王像符合上述所說的規律：以古聖王或前朝君主爲主角，絕大多數採「側面形式」以及「情節式構圖」。換言之，此時期的帝王像沒有一幅是正面的個人肖像，主角的「目光直視圖像外的觀者」，如巫鴻所說的「偶像式」（iconic）構圖，[26]也沒有一幅畫像描繪本朝君主。

自三國到南北朝之間，幾乎沒有帝王像的實物，我們只能爬梳文獻資料，在此處略作推測。東晉顧愷之在〈畫論〉中提到伏羲神農的古帝王像，以及「漢本紀：李王首也。有天骨而少細美，至於龍顏一像超豁高雄，覽之若面也」，[27]暗示他見過漢代皇帝的畫像。雖然後者早已亡佚，不過，同時期的作品或許可以提供一些關於〈漢本紀〉畫像風格與構圖方式的線索。顧愷之本人的〈女史箴圖〉的第二至第五幅場景，描述古代帝王后妃的故事，每一幅畫一個故事，依序是樊姬與楚莊王、衛姬與齊桓公、馮婕妤與漢元帝、班婕妤與漢成帝。值得注意的是，後兩幅有漢代皇帝的側面像。[28]此外，北魏平城時期司馬金龍墓出土的五扇木

板屏風上，繪有與〈女史箴圖〉題材、風格相近的漆畫。此屏風分兩面繪製，正反面各分上下四層。正面人物故事取材自漢代劉向的《列女傳》，每一個人物分層呈現，皆側面像。其中「班婕妤」一層，也繪有漢成帝的形象，並附「漢成帝」的榜題，同樣是側面人物像。[29] 由此推論，顧愷之所看到的〈漢本紀〉中的漢代皇帝像可能也是描繪在長畫卷上，每位皇帝都是四分之三側面像，有各自的構圖與情節。如同漢畫像石的古帝王圖，顧愷之描述的伏羲神農像、〈女史箴圖〉與北魏司馬金龍墓的屏風漆畫都在向觀者展示道德典範或是垂示訓誡。

然而，此時期也存在其他形式的皇帝圖像。例如北宋書畫家米芾曾提到他有一幅梁代畫

26 巫鴻，《武梁祠》，頁一四九。
27 張彥遠，《歷代名畫記》，卷五。
28 《女史箴圖》目前藏於大英博物館，Google 已將這幅圖像數位化。連結為：https://artsandculture.google.com/asset/admonitions-scroll/nwE-8S72ewLhIA。
29 參見山西省大同博物館，〈山西大同石家寨北魏司馬金龍墓〉，《文物》一九七二年第三期。

家張僧繇所繪的〈梁武帝翻經像〉，風格類似顧愷之手筆。[30]這幅畫像雖然描繪君主的日常生活，但從題名來看，也有政治宣傳的作用：藉由梁武帝翻譯佛典的圖像，武帝或是畫家想塑造武帝是一名虔誠佛教徒的形象，因為他儘管貴為天子，仍抽空親自譯經。另外，北宋《宣和畫譜》記載宋徽宗收藏了一幅由北朝畫家展子虔創作的〈北齊後主幸晉陽圖〉，[31]而根據《宋會要輯稿》記載，宋徽宗在宣和四年（一一二二年）三月二日親筆描摹展子虔〈北齊文宣幸晉陽圖〉。[32]兩者說法略有出入，但若按照《宣和畫譜》所言，展子虔畫作的主角是北齊後主，實在難以想像身為帝王的徽宗會想描摹關於北齊亡國之君的作品。因此，本文採信《宋會要輯稿》的說法。北齊文宣帝乃是開國之主，晉陽則是北齊王室龍興之地，駐有大量兵力，於是，即使北齊立都於鄴，北齊君主仍長年頻繁往來於晉陽與鄴兩都之間，甚至住在晉陽的時間更長。由此來看，展子虔所畫的既是北齊文宣帝的日常生活，也可能意在強調北齊的軍事權威。

當時或許還有統治者的個人肖像畫，如《魏書》記載，北魏相州刺史奚康生曾因相州一帶天旱，所以「令人鞭石虎畫像」，[33]而石虎是後趙（三一九—三五一年）第二任君主，於三三五年遷都位於相州的鄴城。至於梁武帝，除了張僧繇畫的〈翻經像〉之外，據說擅長繪畫的干陁利國國王瞿曇脩跋陁羅也畫過他夢中見到的梁武帝，而後瞿曇脩跋陁羅派遣使者跟畫工到梁朝進貢，吩咐他們「模寫高祖形以還其國」，[34]跟自己的作品互相比對。這則記載的可信度雖然存疑，但顯示描繪在世君主的肖像畫確實可能存在。

北魏時期仍然流行著具有勸諫意味的前朝帝王圖。北魏光祿大夫張彝曾獻給宣武帝《歷帝圖》五卷，時間自伏羲以降，終於東晉末年，共收錄一百二十八位皇帝。其內容則是「其帝皇興起之元，配天隆家之業，修造益民之奇，龍麟雲鳳之瑞，卑宮愛物之仁，釋網改祝之澤，前歌後舞之應，囹圄寂寥之美，可爲輝風景行者，輒謹編丹青，以標睿範。至如太康好田，遇窮后迫禍；武乙逸禽，罹震雷暴酷；夏桀淫亂，南巢有非命之誅；殷紂昏酗，牧野有

30 米芾，《畫史》，第九條。該書第一二三條提到米芾此畫得自其友人劉涇。
31 《宣和畫譜》，卷一。
32 見《宋會要輯稿》，職官十八，祕書省，徽宗。
33 《魏書》，卷七十三，奚康生傳，頁一六三一—一六三二。
34 《梁書》，卷五十四，諸夷列傳，頁七九四。

倒戈之陳；周厲逐獸，滅不旋踵；幽王遇惑，死亦相尋；暨於漢成失御，亡新篡奪；桓靈不綱，魏武遷鼎；晉惠闇弱，骨肉相屠，終使聰曜鴟視并州，勒虎狼據燕趙：如此之輩，罔不畢載」，聖王、暴君都有。張彝還希望宣武帝能將他的心血之作「置御坐之側，時復披覽，冀或起予左右，上補未萌」。[35]從以上兩段文字來看，《歷帝圖》的構圖、風格與〈女史箴圖〉、司馬金龍墓木板屏風列女圖應該相去不遠，在功能上更是顯然一致。

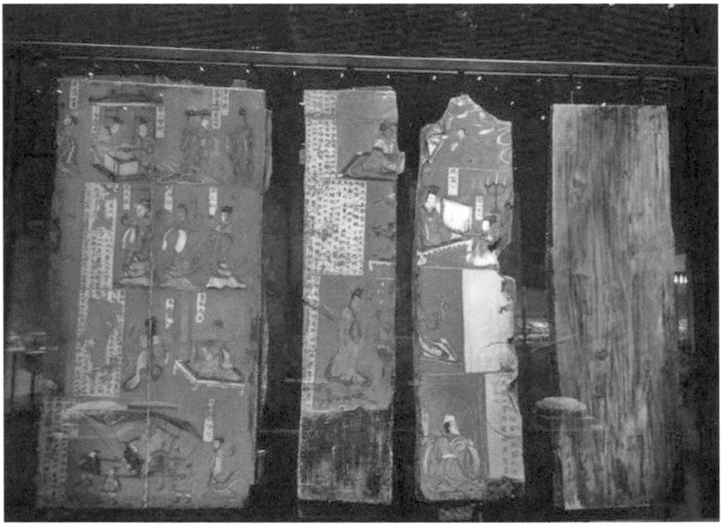

▲現藏於山西大同博物館的司馬金龍屏風。

圖像的公共性——北魏皇帝禮佛圖

至於文章一開始提到的龍門石窟皇帝禮佛圖，與此前帝王圖相比，有異有同。相同之處在於皇帝禮佛圖的構圖也是「情節式」——二十多名人物皆呈側面，由左向右方前進，表現皇帝及其大臣出行禮佛的場景。不同之處在於宣武帝選擇在佛教脈絡下呈現皇帝形象。在這幅造像中，皇帝是一名虔誠的佛教徒。一方面，他不像梁武帝參與靜態的譯經工作，而是更進一步帶著自己的王公大臣前往有釋迦摩尼佛像所在的石窟朝聖。透過石頭這個堅固耐久的載體，以及鏤之金石的動作，皇帝的虔誠從無形到有形、從有限到不朽。另一方面，宣武帝在釋迦摩尼像的石窟中開鑿帝后禮佛圖，這是刻意的空間選擇，意在體現皇帝與佛之間的微妙連結。而且圖像置於洞窟門口兩側的顯著位置，約與觀者視線平行，加上造像高度約二公

35 《魏書》，卷六十四，張彝傳。

尺，接近真人大小，前往參拜的信眾很難不注意到這兩幅禮佛圖。[36]談到觀看畫像的信眾，這正是此幅皇帝禮佛圖異於此前畫像之處——圖像的公共性。誰可能是龍門石窟造像甚至是帝后禮佛圖的觀者？從傳世文獻與龍門石窟發現的造像記來看，造像贊助者男女皆有，包括皇室成員、[37]官員、[38]僧尼、[39]，乃至一般百姓，[40]他們本人可能親自造訪龍門，[41]並參觀各窟造像，包括帝后禮佛圖在內。當他們朝拜賓陽中洞主佛完畢，準備步出石窟時，就會看到一左一右的禮佛圖。他們之中有些人親眼見過皇帝，有些人從來沒有這個機會。由於史料寥寥無幾，我們無法得知當後者看到皇帝禮佛圖時，心中作何感想。但能肯定的是，公開呈現的皇帝禮佛圖給觀者一個想像皇帝的特殊機會，而且對北魏的觀者而言，這幅禮佛圖描繪的主角儘管已經身故，仍是本朝皇帝，而非前朝或傳說中的帝王，其感受自然有所不同。

儘管賓陽中洞皇帝禮佛圖有其特殊性，不過，此圖像仍非皇帝的正面肖像畫。正面肖像畫在北魏時期應該不是一個不可想像的概念。根據鄭岩的研究，「魏晉北朝時期的壁畫中，大多數墓主畫像成了正面的形式」；[42]二〇一六年於河南洛陽出土的北魏墓也曾發現一枚東羅馬帝國金幣，上有皇帝阿納斯塔修（Anastasius）正面像。[43]然而，目前既沒有發現刻有北魏皇帝肖像的錢幣，也缺乏關於北魏皇帝正面像的記載或實物。

36 劉連香，〈美國大都會藝術博物館藏龍門北魏「皇帝禮佛圖」考辨〉，頁一三二。

37 如古陽洞南壁有熙平二年（五一七年），齊郡王元祐造彌勒像。見張乃翥，〈論龍門造像題記在北朝佛教研究中的史料價值〉，《北朝研究》，一九九〇年，頁六十。

38 如古陽洞北壁有永熙二年（五三三年）陵江將軍段桃樹造無量壽像；火燒洞東壁有正光三年（五二二年）司徒崔光室李要光造像。見張乃翥，〈論龍門造像題記在北朝佛教研究中的史料價值〉，頁六十—六十一。

39 如蓮花洞北壁有孝昌元年（五二五年）八月中明寺比丘尼道楊等人造千佛像。見張乃翥，《龍門碑刻題釋所見中古寺院史料輯繹》，《敦煌學輯刊》一九九三年第一期，頁八十四—八十五。

40 如古陽洞西壁有延昌三年（五一四年）張師伯等人造彌勒像一龕。見張乃翥〈龍門碑刻題釋所見中古寺院史料輯繹〉，頁八十四；藥方洞東壁有陸僧妙為其亡夫造釋迦像。見張乃翥，〈論龍門造像題記在北朝佛教研究中的史料價值〉，頁六十二。

41 如北魏孝明帝之母胡太后曾於熙平二年（五一七年）夏四月造訪龍門石窟，當天往返。見《魏書》，卷九，肅宗孝明帝本紀。

42 鄭岩，〈墓主畫像研究〉，頁二六四。

43 關於此墓考古報告，見洛陽市文物考古研究院，〈洛陽澗西衡山路北魏墓發掘簡報〉，《文物》二〇一六年第七期。

隋朝開始出現，公開的皇帝肖像

這個現象可能直到隋代才有所轉變。在登基將近二十年後，隋文帝於仁壽元年（六〇一年），下令天下廣設舍利塔，[44]而其中之一位於今日河北曲陽的恆岳寺。根據《寶刻叢編》卷六收錄的〈隋恆岳寺舍利塔碑〉跋文記載，隋文帝「詔吏民皆行道七日，人施十錢，又自寫帝形像於寺中」。[45]這條史料指出隋文帝不僅在生前就製作自己的圖像，還允許百姓觀看。他的用意在〈大隋河東郡首山棲巖道場舍利塔之碑〉說得更加清楚。此碑記載，仁壽四年（六〇四年），即將不久人世的文帝下令工匠鑄造自已的等身像，並將之廣賜全國佛寺，「欲令率土之上，皆瞻日角，普天之下，咸識龍顏」。從「咸識龍顏」一句來看，此「等身像」指的不是與文帝同高的塑像，而是有文帝容貌的塑像。隋煬帝大業六年，梓州元武縣令柳無邊也造了〈福會道場造隋文皇帝像碑〉，顯示仁壽四年的詔令確有一定效力，因此，遠在帝國西方的梓州也有文帝像。[46]

隋文帝的畫像、塑像早已不存，但從文字資料來看，漢代至隋朝之間對於皇帝形象的想法確實有明顯的變化：第一，皇帝圖像從側面「情節式」朝向正面「偶像式」構圖發展；第二，皇帝個人形象在隋朝時走向公開化。

至於在隋代以前爲何缺乏皇帝肖像畫，原因之一可能要從皇帝權力來源的角度來思考。穆啟樂（Fritz-Heiner Mutschler）和閔道安（Achim Mittag）在其編纂的論文集《構想帝國》中已經提到古羅馬帝國與古代中國在皇帝形象上的差異源於雙方統治者概念的不同——古羅馬帝國皇帝爲「第一公民」（Princeps），而古代中國皇帝乃是「天子」。[47] 兩位學者

44 嚴可均，《全隋文》，卷二，〈立舍利塔詔〉。

45 本節關於隋文帝肖像的討論得益於雷聞，〈論唐代皇帝的圖像與祭祀〉，收入榮新江主編，《唐研究》第九卷（北京：北京大學出版社，二〇〇三年），頁二六一—二八二。雷聞認爲隋唐皇帝在生前已有將自己肖像賜給寺觀供養與祭祀的習慣，此現象始於隋文帝。

46 此碑碑文已佚，僅存題名，見《寶刻類編》，卷一。關於福會道場與元武縣令，可見唐朝王勃所寫的〈梓州元武縣福會寺碑〉。此文收錄於王勃，《王子安集注》（上海：上海古籍出版社，一九九五年）。

47 Fritz-Heiner Mutschler, Achim Mittag (ed.), *Conceiving the Empire: China and Rome Compared*, 436。

▲相傳唐代閻立本歷代帝王圖中的隋文帝像。現藏於美國波士頓美術館。

並未就此加以深論，卻給我們很好的啟發。

「第一公民」意指古羅馬皇帝與其他公民基本上並無不同，只是公民中的第一人而已。奧古斯都以「第一公民」自稱，是爲了向羅馬元老院與人民顯示他絕不是獨裁者。他及他的繼承者的權力在理論上仍來自羅馬元老院與人民，其地位也取決於其人對羅馬社會的貢獻。相反地，古代中國皇帝是天之子，君權天授，因此，他沒有必要如羅馬皇帝一般到處宣傳自己的功業，以拉攏人心，反而應該像天一般「無形」、高深莫測，方能保持天子的神祕性與無上權威。[48]

另一個原因是對人物畫像的禁忌。前面曾經提到，漢代以來的人物畫大多以傳說中的人物或已經過世的人為主角，很少以生人為主題。這或許是人們擔心自己的畫像、塑像會被當成祝詛的對象，例如秦昭襄王曾對齊湣王說：「宋王偃無道，為木人以寫寡人，射其面」，[49]而且「宋王射天笞埊，鑄諸侯之象，使侍屏匽，展其臂，彈其鼻，此天下之無道不義」。[50]另外，王莽因為畏懼劉秀長兄劉伯升的威名，下令「長安中官署及天下鄉亭皆畫伯升像於

48 關於秦漢、羅馬帝國皇帝的比較，參見邢義田，〈從比較觀點談秦漢與羅馬帝國的『皇帝』〉，收錄於《天下一家——皇帝、官僚與社會》（北京：中華書局，二〇一一年），頁二〇二—二一三。

49 《戰國策》，卷三十，燕策二。

50 《戰國策》，卷三十，燕策二。此語為燕國策士蘇代對齊王所說。

塾，且起射之」。射木人、射畫像對被咒詛的人有什麼影響，在《晉書》中有一段生動的描述：據說擅長繪畫的顧愷之「嘗悅一鄰女，挑之弗從，乃圖其形於壁，以棘針釘其心，女遂患心痛。愷之因致其情，女從之，遂密去針而愈」。[52]類似的記載不勝枚舉，儘管可信度堪疑，卻代表這樣的觀點在社會各階層有一定的影響力。皇帝亦凡人，他自然也不希望自己的形象受人隨意操縱。

儘管如此，到了隋朝，確實出現了向大眾公開的皇帝肖像與塑像。這種轉變肯定並非一朝一夕，只是其間的過程我們尚不清楚。此一轉變可能與佛教相關。南北朝時期佛教盛行，而佛像以各式各樣正面的造型大量出現，對信眾應有相當程度視覺上的影響。

再者，北魏為了提高政權的合法性，加強人民對皇帝的崇拜，於是，不僅僧尼視皇帝為佛，例如在道武帝時期掌管天下僧徒的道人統法果曾說道武帝「明叡好道，即是當今如來，沙門宜應盡禮，遂常致拜」，[53]皇帝也下令以自己為樣本造佛像，如文成帝「詔有司為石像，令如帝身。既成，顏上足下，各有黑石，冥同帝體上下黑子。論者以為純誠所感」。[54]循此思路，可以推測隋文帝身為一名虔誠佛教徒，可能依照佛像造型製作自己的形象與塑像，而且他的出發點並非出於對藝術的愛好，而是有著政治和宗教的考量。因此，他的形象與塑像才會安置在全國佛教寺院，而非其他場域。這一點也深刻影響到唐代以降皇帝對自身肖像的想法與實踐。[55]

51 《後漢書》，卷十四，齊武王縯列傳。
52 《晉書》，卷九十二。
53 《魏書》，卷一一四，釋老志。
54 《魏書》，卷一一四，釋老志。
55 關於唐代帝王圖像與皇帝崇拜的關係，請參考雷聞，〈論唐代皇帝的圖像與祭祀〉。

重／新／思／考／皇／帝

第參章

龍興域外：來自內亞的皇帝

蔡偉傑

西元前二二一年秦滅六國，秦王政自稱始皇帝起，奠立在中國歷史上影響深遠的皇帝制度。然而幾乎在同一時期，位於中國北方的內亞地區也出現了與南方的秦朝相對峙的匈奴帝國。後來內亞帝國一直與中國相對峙，甚至還有內亞民族征服中國，建立所謂的征服王朝。本文的主題要談談這些由內亞民族建立的帝國及其皇帝。

內亞與中國的歷史無法割裂

內亞是英文Inner Asia的中譯，亦有譯爲亞洲內陸者。日文作內陸アジア（ないりくあじあ）。美國蒙古學家拉鐵摩爾（Owen Lattimore）在一九四〇年的名著《中國的內亞邊疆》（*Inner Asian Frontiers of China*）一書中開始使用這個詞，之後才在學界開始普遍流行。[1]有關內亞的定義，以匈牙利突厥學家、美國印第安納大學特聘名譽教授塞諾（Denis Sinor）的定義最廣爲學界所接受。他在《內亞：歷史—文明—語言：課綱》（一九六九年初版，一九七一年修訂版）一書中認爲內亞很難以用地理領土來定義其範圍。

內亞基本上是位於歐亞大陸定居文明以外的部分，而由於這些文明在歷史上的領域時有變化，因此內亞的範圍也會隨之改變。而眞正的文化邊界則是藏在這些人的心中。他基本上將內亞視爲 Central Eurasia（一般譯爲內陸歐亞或中央歐亞）的同義詞，但後者較爲清楚。[2]另外也有學者使用 Inner Eurasia之名，範圍與意義差不多，不至於產生歧義。[3]

內亞所涵蓋的文化和語言區來看，基本上包括了阿爾泰語系中的滿通古斯語、蒙古語、突厥語，以及芬匈語，印歐語系中的波斯語，與漢藏語系中的藏語等等。

在地理上包括了北方西伯利亞針葉林地帶，而其南部又可分爲東部的蒙古高原、西部的天山南北麓。而在更南方則是西藏高原。至於歐亞大陸的西半部南端則包括了阿姆河（Amu

1 Owen Lattimore, *Inner Asian Frontiers of China* (New York: American Geographical Society, 1940). 中譯本參見唐曉峰譯，《中國的亞洲內陸邊疆》（南京：江蘇人民出版社，二〇〇八年）。

2 Denis Sinor, *Inner Asia: History-Civilization-Languages: A Syllabus*, rev. ed. (Bloomington: Research Center for the Language Sciences, Indiana University, 1971).

3 例如以研究大歷史（Big History）著名的世界史家大衛・克里斯欽（David Christian），參見 David Christian, "Inner Eurasia as a Unit of World History," *Journal of World History* 5, no. 2 (1994): 173-211.

Darya）與錫爾河（Syr Darya）之間的河中地區及其西邊的伊朗高原，甚至可以遠及兩河流域與北非。北端則是西北歐亞大草原，東側起於哈薩克大草原，並向西延伸至喀爾巴阡山脈東麓。河中這個地區的共通點就是氣候乾燥，且在風景上具有一致性。一般而言，人們對這個地區的印象就是絲綢之路，或是文明的十字路口。而將此一地區概略分爲草原、綠洲與沙漠。

草原上的人群以遊牧民族爲主，綠洲則以灌溉農業爲主。而其中遊牧民族則扮演連結區域內部的角色。所謂的遊牧實際上並非漫無目標的移動，而是帶著牲口隨著季節有系統性的固定移動。但是遊牧生活由於無法完全自給自足，且易受極端天氣影響，生計不穩定，因此造就了遊牧民族與定居社會共生的結構，並且具有機動遷徙、群居與擅長騎射等特點。而擅長騎射也使得遊牧民族成爲在現代槍砲出現以前最爲優良的作戰部隊。但是這些遊牧軍團或國家基本上都不是由單一民族所組成，而是由多種民族組成的群體。[4]

一般人常常會問「內亞跟中亞是不是同義詞」？這裡也順帶解釋一下。中亞是英文Central Asia的中譯，日譯爲中央アジア（ちゅうおうアジア）。俄國學界對於中亞有兩種說法，一種是Центральная Азия，也就是 Central Asia的音譯；蘇聯時期一般傳統用

Средняя Азия（中部亞洲Middle Asia），差不多是今天中亞五國去掉哈薩克斯坦的區域，要加上Казахстан（哈薩克斯坦）才等於一般我們所說的中亞。至於聯合國教科文組織所出版的六卷本《中亞文明史》對中亞的定義則接近內陸歐亞，但範圍仍然較小。[5]

至於內亞與中國之間的關係，在這裡我想以北京大學歷史系教授羅新的一段話作說明。他在最近發表的一篇文章〈內亞視角下的北朝史〉中說道：

> 內亞史自成一個歷史系統，它絕非必須依附於中國史才能成立，這是沒有疑問的，但是，內亞史從來就沒有，或絕少有可能不與中國史發生或淺或深的接觸、交叉乃至重疊。完全脫離了中國史的內亞史，甚至不可能被記錄、被敘述、被了解，而成爲永久消失了的過

4　杉山正明，《遊牧民的世界史》，黃美蓉譯（第四版，新北：廣場出版，二〇一八年），頁四－二十。

5　A. H. Dani, eds., *History of Civilizations of Central Asia*, 6 vols. (Paris: UNESCO Publishing, 1992-2005). 中譯本參見芮傳明等譯，《中亞文明史》，六卷（北京：中國對外翻譯出版公司，二〇〇二－二〇一三年）。

6　羅新，〈內亞視角下的北朝史〉，收入《黑氊上的北魏皇帝》（北京：海豚出版社，二〇一四年），頁九十－九十一。

去。同樣，中國史從來就沒有缺少過內亞因素的參與，這種參與有時甚至決定了中國歷史發展的方向。[6]

在他看來，華北其實在南北朝時期就是內亞的一部分。因此內亞與中國史之間其實並不是完全割裂的。缺乏內亞視角的中國史與缺乏中國視角的內亞史，都是片面而不完整的。

單于是匈奴政權的最高領袖

有關匈奴最早的文字記載，要數司馬遷的《史記》。根據《史記．匈奴列傳》記載，匈奴為夏后苗裔，因此與華夏同源。但是對於匈奴的族屬，學界莫衷一是。其中包括匈奴屬突厥人、蒙古人、芬蘭人與斯拉夫人等不同的說法。[7]而相對於東亞有著在秦始皇統治下的強大秦朝，當時的匈奴只是蒙古高原上的遊牧「國家」之一。

可能有人會感到困惑的是，本文在這裡把匈奴稱為「國家」，而非民族。主要是因為筆者跟隨日本京都大學東洋史教授杉山正明與中央研究院院士王明珂的看法，從外部來看，杉山正明認為歷史上稍後還有像是被稱為匈人（Hun）或白匈奴（Huna）的軍事集團出現在歐亞大陸上，他們有可能是選擇匈奴這個名字以承接匈奴帝國輝煌歷史的記憶，不一定是匈奴

7　劉學銚，《匈奴史論》（臺北：南天書局，一九八七年），頁九－二十五。

帝國眞正的後裔。[8]而王明珂則認爲以當代的民族概念來理解匈奴，可能會忽略匈奴這個政治體所涉及的廣大人群與悠久歷史，且不同部族曾以不同方式參與其中。因此在客觀文化與主觀認同上，匈奴都不一定是一個當代意義上的民族。[9]這點對於我們理解其他歷史上的遊牧民族與政權也是値得參考的。

至於單于的意義，根據班固《漢書．匈奴傳》的說法，單于，「姓攣鞮氏，其國稱之曰撐犁孤塗單于。匈奴謂天爲撐犁，謂子爲孤塗，單于者，廣大之貌也，言其象天單于然也。」[10]而荀悅《漢紀》則言「匈奴謂天爲撐黎，謂子爲孤塗，若言天子也。」[11]日本東洋史家、東京大學教授白鳥庫吉認爲撐犁即蒙古與突厥語中的*tängri*，意爲天，而孤塗則是通古斯語中的*hutta*或*guto*的對音，意爲子。[12]但是羅新認爲在冒頓父子的自稱中，並未見與「撐犁孤塗」（天之子）相對應的因素。所以他認爲撐犁孤塗其實是匈奴一方將單于的地位比喻爲漢朝的天子，以便讓漢朝理解，並非匈奴人實際使用的單于號。[13]

歷史上記載的第一位匈奴單于是頭曼單于（公元前？—二〇九年）。他活躍的時間在戰國晚期到秦末之間。面對東有東胡，西有月氏的情況，匈奴處於兩強之間，勢力較弱。原本頭曼單于率匈奴國人在黃河河套地區遊牧，但秦朝名將蒙恬入侵河套，徙民戍邊，迫使頭曼率國人北遷。後來秦末楚漢相爭，中原騷亂，當地的秦人移民多數離開河套。頭曼才率領匈奴人重新回到河套。[14]

公元前二〇九年，頭曼單于長子冒頓（公元前二〇九—一七四年）以鳴鏑弒其父，誅殺其後母、弟弟與不服從的人士後，繼承了單于的大位。在冒頓單于的領導下，匈奴國家擊敗東胡與月氏，發展爲內亞東部最強大的帝國，與當時在東亞取代秦朝而立的漢朝（公元前二〇六—二二〇年）並立。並且在公元前二〇一至二〇〇年間，以韓王信叛逃至匈奴爲導火線，冒頓單于在平城（今山西大同）圍困了漢高祖劉邦的軍隊整整七天，最後在冒頓單于令

---

8 杉山正明，《遊牧民的世界史》，第一六一頁。
9 王明珂，《游牧者的抉擇：面對漢帝國的北亞游牧部族》（臺北：聯經出版，二〇〇九年），頁一一五—一一六。
10 班固，《漢書》（北京：中華書局，一九六二年），頁三七五一。
11 荀悅，《漢紀》，收入《兩漢紀》，張烈點校（北京：中華書局，二〇〇二年），頁一七七。
12 白鳥庫吉，〈西域史上の新研究〉，收入《西域史研究》（東京：岩波書店，一九四一年），上冊，頁二一二。
13 羅新，〈匈奴單于號研究〉，收入《中古北族名號研究》（北京：北京大學出版社，二〇〇九年），頁三十三—三十五。
14 司馬遷，《史記》（北京：中華書局，一九五九年），頁二八八六—二八八八。

匈奴大軍讓出一條小道下，劉邦與漢軍才得以僥倖逃離。此後漢朝對匈奴採行和親政策，漢朝承認匈奴爲平等國家，兩國以長城爲界。而漢朝承諾每年提供定額的絲綢、酒與穀物等食物給匈奴，並將公主嫁給匈奴單于。在這種優惠條件下，匈奴同意維持和平。[15]這種南北對峙的情況，一如漢文帝劉恆給冒頓單于之子老上稽粥單于的信中所言，其父漢高祖劉邦曾規定「長城以北，引弓之國，受命單于；長城以內，冠帶之室，朕亦制之。」[16]此後內亞與中原形成單于與皇帝所分治的局面，這種情況一直到晉朝。

匈奴帝國可以視爲一種帝國聯盟（imperial confederacy），單于的權力來自於其領導戰爭以及匈奴對外的代表角色。對外，單于具有較爲獨斷的權力；對內則以協商各部落首領以尋求聯盟爲主。各部落首領在處理其部落內部的事務上有較大自由。[17]這樣的政治結構在後來的內亞帝國中相當常見。

在單于的選立與繼承上，除了冒頓以殺害其父與其反對者而奪得單于位以外，基本上在未來一百五十年中的十次繼承都相對順利。這也是匈奴帝國原先能夠避免內亂並維持政治穩定的主要原因。匈奴的政治結構有兩大特徵，第一是存在穩定的貴族制度，第二是存在一種廣爲接受的單于繼承方式。單于的兒子與兄弟屬於掌握最高權力的等級，其次是三個貴族集團——須卜氏、呼衍氏與蘭氏。左賢王作爲單于的繼承者，由單于任命。單于死後，左賢王可以利用其號召力去爭取貴族對他的支持，進而獲取單于大位。但是考慮到單于作爲軍事領袖，若是原定的繼承者太年幼，一般會改讓單于的弟弟擔任這個職位。也因此單于之子與其叔父之間的權力鬥爭是匈奴內部的主要矛盾。基本上前期以父死子繼爲主，後來則兄終弟及更爲常見。直到公元前五十九年匈奴分裂爲南匈奴與北匈奴爲止。南匈奴向南徙居到漢匈邊境，並仰賴漢朝提供的資源與北匈奴相抗衡。最終於公元八十九年南匈奴與東方新興的鮮卑，以及漢朝的聯軍共同進擊北匈奴，獲得大勝。此後蒙古草原落入鮮卑的手中。[18]

15 Thomas J. Barfield, *The Perilous Frontier: Nomadic Empires and China* (Cambridge, MA: Blackwell, 1989), 35-36, 45-46. 中譯本參見袁劍譯，《危險的邊疆：遊牧帝國與中國》（南京：江蘇人民出版社，二〇一一年），頁四十五—四十六，五十六—五十八。

16 司馬遷，《史記》（北京：中華書局，一九五九年），頁二九〇二。

17 Barfield, *The Perilous Frontier*, 36-37. 中譯本參見袁劍譯，《危險的邊疆》，頁四十六—四十七。

18 Barfield, *The Perilous Frontier*, 79-80. 中譯本參見袁劍譯，《危險的邊疆》，頁一〇〇。

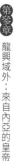

自東漢中期以來，南匈奴逐漸移入塞內，並且與漢民雜居，人口逐漸增長。公元二一六年，曹操注意到這個現象的潛在危險。他的處理方式是採取一種間接統治政策，將匈奴單于作爲人質留在朝中，而由其弟左賢王處理匈奴故地的部落事務。這些部落進一步被分割爲五個部分，各立其部落首領統治之，並選漢人加以監督。[19]這種政策到了晉朝建國後也未更易。但是這種情況在晉朝中央政權弱化後無以爲繼。一方面晉朝統治者已無法滿足遊牧民族的需求，另一方面魏晉將單于當作朝廷人質的政策，塑造了一種漢化的新型匈奴首領。西晉八王之亂（三〇〇—三〇六年）發生後，位於山西的匈奴首領劉淵即位爲大單于，立國號爲漢。他是冒頓後裔，皇族成員，曾經是晉朝的人質，也受過儒家的經典教育。匈奴皇族後來長期使用漢朝皇室的姓氏劉姓。[20]作爲匈奴後裔的劉淵是第一位統治中原的內亞皇帝。單于這個頭銜也持續成爲五胡十六國時期華北諸內亞民族政權統治者的頭銜，直至由拓跋鮮卑所建立的北魏於公元四三六年統一華北爲止。[21]單于做爲內亞民族統治者的頭銜持續使用了六百年以上。

可汗是流行於內亞的統治頭銜

在匈奴的單于稱號逐漸消失於史書之際，內亞的皇帝以新的頭銜可汗登上了歷史舞臺。關於可汗一詞的起源，過去都認為是始見於柔然。

在鮮卑南下建立北魏後，蒙古草原的權力眞空由新興起的柔然塡補。柔然汗國約於公元四世紀初由木骨閭（三〇八—三一六年）創建，但是勢力並不強大。到了四世紀末柔然分

19 Barfield, *The Perilous Frontier*, 95. 中譯本參見袁劍譯，《危險的邊疆》，頁一二〇。

20 Barfield, *The Perilous Frontier*, 99. 中譯本參見袁劍譯，《危險的邊疆》，頁一二四—一二五頁。關於八王之亂以後的胡漢相爭，參見川本芳昭，《中華的崩潰與擴大：魏晉南北朝》，李彥樺譯（新北：臺灣商務印書館，二〇一八年），頁六十五—九十六。

21 關於單于名號在不同時期的使用，參見邱久榮，〈單于雜考〉，《中央民族學院學報》第三期（一九八九年）：頁十六—二十。

裂爲東西兩部。公元三九四年，西部的柔然領袖社崙（四〇二—四一〇年）重新統一東西兩部，並且自號丘豆伐（豆代）可汗。[22]根據杜佑《通典》記載，「社崙始號可汗，猶言皇帝」，[23]又言「可汗之號始於此。」[24]但是這個說法恐怕無法讓人完全信服。例如羅新注意到胡三省注《資治通鑑》時，就以可汗稱呼拓跋鮮卑的先世。[25]陳發源則發現《晉書》記載慕容鮮卑的一支吐谷渾時，提到吐谷渾王樹洛干已號爲戊寅可汗。[26]

國立臺灣大學歷史系博士生林慧芬論及可汗的產生時，也提及米文平於一九八一年在大興安嶺嘎仙洞內所發現的鮮卑先世祝文中，提到「太平眞君四年（四四三年）……皇祖先可寒配、皇祖先可敦配」的記載。可寒即可汗。[27]因此可以推論鮮卑應當才是已知最早使用可汗頭銜的內亞民族，並非始見於柔然。但是羅新認爲由於吐谷渾時期的慕容鮮卑以及早期的拓跋鮮卑都還處於較低的發展階段，可汗可能只是地方頭人的頭銜。但是柔然社崙稱可汗是與北魏皇帝互相抗衡的一種政治態勢，柔然當時的的政體已經發展到早期國家的層次，因此在這個意義上，可以說柔然的可汗最早與皇帝相當。後來經過嚈噠（**Hephthalite**）、吐谷渾以及突厥與回鶻（回紇）等國家數百年的傳播後，可汗才成爲流行於內亞的統治頭銜。[28]不過在七世紀初，位於內亞南部的西藏高原上，由贊普領導的吐蕃帝國在許多可汗與皇帝中異軍突起，成爲在東亞與內亞爭霸的重要角色。

吐蕃的起源目前尚不清楚。根據早期的藏文與阿拉伯史料，吐蕃贊普（*btsanpo*）[29]乃從天而降。最早的一位是止貢贊普，他砍斷了天繩，因此關上了天堂與人間的通道。然而這樣

22 Barfield, *The Perilous Frontier*, 120. 中譯本參見袁劍譯，《危險的邊疆》，第一五二頁。豆代見於《北史》，而《魏書》與《通典》則作丘豆伐。羅新認爲很可能是《北史》在傳抄中出現了訛誤。參見羅新，〈可汗號之性質——兼論早期政治組織制度形式的演化〉，收入《中古北族名號研究》，頁三。

23 杜佑，《通典》（北京：中華書局，一九八八年），頁五三〇一。

24 杜佑，《通典》，頁五三七八。

25 羅新，〈可汗號之性質——兼論早期政治組織制度形式的演化〉，頁一。

26 陳發源，〈柔然君名「可汗」考〉，《新疆社會科學》第二期（一九八八年）：頁一〇七。

27 林慧芬，〈突厥第一汗國可汗繼嗣的變質〉，《早期中國史研究》第六卷，第一期（二〇一四年六月）：頁三十三—三十四。

28 羅新，〈可汗號之性質——兼論早期政治組織制度形式的演化〉，頁三。

29 根據《新唐書·吐蕃傳》對贊普的解釋，吐蕃「其俗謂彊雄曰贊，丈夫曰普，故號君長曰贊普。」參見歐陽修、宋祁等，《新唐書》（北京：中華書局，一九七五年），頁六〇七一。

的記載無從與其他歷史文獻相印證。歷史上最早記載的吐蕃贊普爲赤松贊，即後來的松贊干布（六一八—六四一年）。其父爲囊日論贊，在他的統治下，吐蕃帝國以雅隆河谷爲基地，擊敗了西邊的象雄同盟，並且征服了整個青藏高原。但後來遭毒殺。松贊干布即位後，迅速弭平了隨其父親被毒殺以後所爆發的叛亂，穩定局勢。

在他統治下，吐蕃帝國愈發強盛，於六三七年左右出兵擊敗了吐谷渾，展現了他的實力。吐蕃帝國的強大，使得後來唐太宗（六二六—六四九年）於六四一年將文成公主許配給松贊干布。吐蕃後來於六七〇年北上經略塔里木盆地，到了六七七年已經控制了整個塔里木盆地與其鄰近的西南山區。唐朝直到六九二年才收復塔里木盆地。在這場爭奪戰中，吐蕃後來與西邊的大食（阿拉伯帝國）聯手對抗唐朝與突騎施的聯盟。

爲了紓解河西、隴右等地的壓力，唐朝於七一一年又遣金城公主和親吐蕃，嫁贊普赤祖德贊（七一二—七五五年）。在七五五年安史之亂後，唐朝將中亞的駐軍撤回中原，整個西域落入吐蕃之手。吐蕃此時在短暫內亂後，於七五六年由赤松德贊（七五六—七九七年）繼位。在他治下，吐蕃於七六二年尊佛教爲國教，建立桑耶寺，甚至於隔年七六三年攻陷長安，佔領長達兩週之久。八〇九年，吐蕃還與大食發生戰爭。唐蕃之間直到八二三年簽訂了唐蕃盟約後，才成功維持了數十年的和平。直到八四二年，最後一任贊普朗達瑪遭刺殺，吐蕃帝國崩解。[30]此後贊普就不再成爲內亞統治者的頭銜了。

30 有關吐蕃、唐朝、突厥、回鶻與大食之間在內亞的爭霸，參見Christopher I. Beckwith, *The Tibetan Empire in Central Asia: A History of the Struggle for Great Power among Tibetans, Turks, Arabs, and Chinese during the Early Middle Ages*（Princeton: Princeton University Press, 1987）。中譯版參見付建河譯，《吐蕃在中亞：中古早期吐蕃、突厥、大食、唐朝爭奪史》（烏魯木齊：新疆人民出版社，二〇一二年）。關於赤松德贊的事蹟，參見Sam Van Schaik, *Tibet: A History* (New Haven and London: Yale University Press, 2011), 30-40。

征服王朝和滲透王朝的不同

接下來要談的是統治中國的內亞皇帝。首先介紹征服王朝與滲透王朝這兩個概念。一九四九年，德國左派歷史學者魏復古（Karl Wittfogel，或譯魏特夫）提出征服王朝論。[31]他主張中國王朝史可以分為兩類。一類是典型的中國王朝，包括秦、漢、分裂期的諸王朝（三國、晉與南朝）、隋、唐、宋與明等朝代；另一類則是征服王朝（Dynasties of Conquest）與滲透（Infiltration）王朝，征服王朝指的是某一民族征服另一民族居住地之一部分或全部而建立的王朝，包括了遼（契丹）、金（女真）、元（蒙古）與清（滿洲）等朝代。而滲透王朝則是指諸王朝的創始者經由在華北半和平的滲透所建立的王朝，包括了五胡十六國、北魏、北齊與北周等朝代。而魏復古又認為在征服的型態中，遼和金朝分別為兩大代表。前者是文化抵抗型，後者是文化讓步型，而清朝則是過渡型。[32]

當時的學界研究遼史的取向主要以吸收理論（absorption theory）或同化（assimilation）理論為主，認為進入中國的非漢統治民族皆在短期內漢化，並融入中國社會當中。魏復古拒斥了這類理論，而代之以當時美國文化人類學界所主張的涵化（acculturation）理論爲基礎。[33]該理論主張在某種條件下，文化交流的結果，不是產生一種新的同類文化，而是

31 Karl A. Wittfogel, "General Introduction," in *History of Chinese Society: Liao, 907-1125*. Karl A. Wittfogel and Chia-shěng Fêng 馮家昇 (Philadelphia: American Philosophical Society, 1949), 1-35；中譯版參見蘇國良、江志宏譯，〈中國遼代社會史（九〇七—一一二五年）總述〉，收入《征服王朝論文集》，鄭欽仁、李明仁編譯，史學叢書系列三十四（臺北：稻鄉出版社，一九九九年），頁一—六十九。有關征服王朝論的介紹與評述，在日本與我國學界都有相關的討論。參見陶晉生，〈歷史上漢族與邊疆民族關係的幾種解釋〉，收入《邊疆史研究集——宋金時期》（臺北：商務印書館，一九七一年），頁十六—二十五；鄭欽仁等編，《征服王朝論文集》。一般來說，日本學界認爲征服王朝與滲透王朝的用法比傳統的異民族王朝來得適當，因爲這樣的概念更能夠突顯統治的性格；而我國學界對此理論則不盡同意，其原因大致有二，一種認爲異民族雖然建立政權，但最終都在血緣與文化上被漢化了；另一種則是不能認同魏復古所持修正左派路線的學術立場。參見鄭欽仁等編，《征服王朝論文集》，頁ii—iii。

32 Wittfogel, "General Introduction," 24-25；中譯版參見蘇國良、江志宏譯，〈中國遼代社會史（九〇七—一一二五年）總述〉，頁五十—五十一。

33 涵化包括了由個人所組成的不同文化之群體，因直接的連續性接觸而導致單方或雙方原有文化模式的改變等等的現象。參見Robert Redfield, Ralph Linton and Melville J. Herskovits, "Memorandum for the Study of Acculturation," *American Anthropologist* 38, no. 1 (Jan.-Mar. 1936): 149。

兩種相互適應的文化之共存，這兩種文化有共生的關係。[34]

魏復古在分析遼朝的社會與文化時，認為遼朝無論在經濟、行政、軍事組織以及政策與文化傳統上，都存在著契丹與漢人對立的二元性。並且其他的征服王朝也有類似的趨向。[35]而當魏復古討論作為征服王朝過渡型的清朝時，則指出在清朝建國初期，雖然中國式的經濟很早就傳入滿洲民族中，但是直到清朝統治結束前，都沒有發生完全的文化融合，[36]而這主要是政治因素所造成的。魏復古在此提到在中國人臣服後，滿洲人採取許多措施來確保他們的權利與由此而得的經濟和社會特權。在政治上包括了維持八旗制度、採用改造後的中國政治組織並保障滿洲貴族的地位、與皇室繼承沒有採取中國式的嫡長繼承制等措施。另外在社會上，滿漢之間禁止通婚和維持滿洲傳統（包括了習俗、語文、衣冠、宗教與騎射等），[37]也都使滿漢之間有所隔閡。[38]

34 Wittfogel, "General Introduction," 4-5.

35 Wittfogel, "General Introduction," 6-14；中譯版參見蘇國良、江志宏譯，〈中國遼代社會史（九〇七－一一二五年）總述〉，頁九－三十。

36 Wittfogel, "General Introduction," 10-14；中譯版參見蘇國良、江志宏譯，〈中國遼代社會史（九〇七－一一二五年）總述〉，頁二十一－三十。當時梅谷（Franz H. Michael）亦持同一主張。如同魏復古一般，他也反對滿洲人被漢人同化的觀點。參見Franz H. Michael, *The Origin of Manchu Rule in China: Frontier and Bureaucracy as Interacting Forces in the Chinese Empire* (Baltimore: Johns Hopkins University Press, 1942; reprint, New York: Octagon Books, 1972), 119。

37 對清朝禁止滿漢通婚一事，鄭天挺則認爲雖然清朝滿漢通婚並不常見，但在法令上並無明禁，並將此歸因爲兩族習俗差異所造成。另外，魏復古注意到，雖然清朝統治者禁止民間的滿漢通婚，但滿蒙通婚卻受到官方的支持。參見鄭天挺，〈清代皇室之氏族與血系〉，收入《清史探微》，北大名家名著文叢（北京：北京大學出版社，一九九九年），頁二十九；Wittfogel, "General Introduction," 11；中譯版參見蘇國良、江志宏譯，〈中國遼代社會史（九〇七—一一二五年）總述〉，頁二十四。

38 對於魏復古的說法，芮瑪麗（Mary C. Wright）曾經有所反駁。她認爲：1.八旗制度雖然存在，但是到了清末，此制度已失去重要性；2.皇室繼承是否採取嫡長制並不重要；3.官僚中滿漢分別並不大；4.滿漢通婚事實上早已實行。參見Mary C. Wright, *The Last Stand of Chinese Conservatism: the Tung-chih Restoration, 1862-1874* (Stanford: Stanford University Press, 1957), 51-56；中譯本參見房德鄰等譯，《同治中興：中國保守主義的最後抵抗》（北京：中國社會科學出版社，二〇〇二年），頁六十四—七十二。然而芮瑪麗的說法基本上是有問題的，路康樂（Edward K. M. Rhoads）質疑自十九世紀中期後滿洲人已遭到漢人涵化的說法，並且反駁說如果滿漢之間的隔閡已經消除，那麼清末漢人反滿意識的復現就無法得到解釋。參見Edward K. M. Rhoads, *Manchu and Han: Ethnic Relations and Political Power in Late Qing and Early Republican China, 1861-1928* (Seattle and London: University of Washington Press, 2000), 10；中譯本參見王琴、劉潤堂譯，《滿與漢：清末民初的族群關係與政治權力（一八六一—一九二八年）》（北京：中國人民大學出版社，二〇一〇年），頁七。至於有關清朝在制度上不同於傳統由漢人所建立的王朝的情況，還包括內務府以及宮廷中的薩滿信仰及藏傳佛教祭儀，詳細的相關研究參見Evelyn S. Rawski, *The Last Emperors: A Social History of Qing Imperial Institutions* (Berkeley and Los Angeles: University of California Press, 1998)；中譯版參見周衛平譯，《最後的皇族：滿洲統治者視角下的清宮廷》（新北：八旗文化，二〇一七年）。

內亞皇帝在中國留下遺產

下面以拓跋、契丹與沙陀、女真、蒙元與滿清爲例，來談內亞皇帝在中國以及他們所留下的遺產。首先先談滲透王朝，自四世紀初至五世紀中期的五胡十六國時代，匈奴、羯、氐、羌與鮮卑等內亞民族在華北各地建立政權。在這個時期中，位於山西北部，由拓跋鮮卑建立的代國也逐漸興起。其首領拓跋珪於公元三八六年稱帝是重要的歷史事件。他稱帝後解散了原先的鮮卑部族組織，族人由皇帝直轄，重新整編爲八部，成爲軍隊的核心。並且繼承了前燕統治部落民族與漢人的二元化體制。這些舉措使得北魏的國力日盛，到了公元四三九年北魏太武帝一統華北，與南方的劉宋形成南北對峙，進入南北朝時期。到了北魏孝文帝時期推行漢化政策，令鮮卑人說漢語、衣漢服、改漢姓，並鼓勵族人與漢人貴族通婚，更關鍵的是於公元四九四年將首都從平城（今山西大同）遷至洛陽。這個大規模的漢化政策使得北方鮮卑舊地的族人與南方的中央政府逐漸離心離德，邊防守軍時有叛亂。最終北魏分裂爲恢復鮮卑傳統的西魏與較爲漢化的東魏，後來又分別爲北周與北齊所取代。最終兩者以及南朝的陳被併入隋朝，而隋朝後來又被唐朝所取代。[39]

在日本學界，杉山正明與日本大阪大學名譽教授森安孝夫皆認爲，自代國與北魏以降，直到唐朝，雖然歷經許多朝代，但若從皇室血統與權力本身的連續性與共通性來看，這些王朝可以被視爲拓跋國家或鮮卑系王朝。而這種談法能夠跳脫傳統的中國史框架，將討論的重心放在中央歐亞（即內亞）史上。[40]不過有學者也提醒，稱隋、唐爲拓跋國家時，也應該注意到這與隋、唐皇帝採用中國制度，認同自身爲中國是不相違背的。[41]

在唐朝崩潰後，代之而起的是契丹與沙陀。兩者興起的背景包括了前面提到七七五年的安史之亂時中國河北與山西北部的文化與種族的多元性，以及九世紀中葉回鶻與吐蕃這兩大

39 Barfield, *The Perilous Frontier*, 118-127. 中譯本參見袁劍譯，《危險的邊疆》，頁一四九—一六一。

40 杉山正明，《遊牧民的世界史》，頁一八七—一八八；森安孝夫，《絲路、遊牧民與唐帝國：從中央歐亞出發，騎馬遊牧民眼中的拓跋國家》，張雅婷譯（新北：八旗文化，二〇一八年），頁一五〇—一五一。

41 甘懷眞，〈拓跋國家與天可汗——唐代中國概念的再考察〉，收入《東亞視域中的「中華」意識》，張崑將編（臺北：國立臺灣大學人文社會高等研究院東亞儒學研究中心，二〇一七年），頁三十一—三十四。

內亞強權的崩潰。九〇七年耶律阿保機自立為契丹皇帝，九二三年，突厥系的沙陀軍閥李存勗稱帝，建立後唐，並且滅了由篡奪唐朝的朱全忠所建立的後梁政權，華北自此落入沙陀之手。耶律阿保機在創立契丹帝國的過程中，用計殺死了契丹諸部大人，而得以突破傳統草原可汗選舉體制，完成中央集權。契丹帝國繼承了自中唐以降在中國本部東北一帶積蓄的多種族力量，採納了來自燕地的韓延徽與韓知古等人的建議，建立起一個包括畜牧、農業與都市的複合國家。然而沙陀系的華北五代政權仍舊是以農業為主的傳統中國式國家。沙陀與契丹南北兩大政權的爭霸成為後來的歷史基調。另外母后對於朝政的影響力也不可輕忽。例如耶律阿保機崩逝後，出身回鶻的述律皇后月里朵在維持遼朝聲勢與選擇阿保機繼任者時具有關鍵地位。耶律阿保機長子耶律突欲（倍）和次子堯骨（德光）之間的權力鬥爭，也造成了遼朝統治階層內部的動盪。在耶律堯骨繼位後，創立了一套南、北面官的二元管理結構，北面官以契丹舊制統治契丹人，而南面官以漢制統治漢人。這套管理結構後來也一度為女真所建立的金朝所繼承。契丹一度成功使華北的沙陀政權後晉成為屬國，直到西元一〇〇四年北宋與契丹訂立澶淵之盟後，南北和平對峙的國與國關係才確立下來，直到蒙古帝國興起才又打破這個局面。由於契丹帝國強大，聲威遠播，後來甚至在西方成為了中國的代稱。例如俄語中稱呼中國爲Kitai，這個詞就源自契丹。[42]

遼朝後期由於契丹貴族的免稅特權與土地兼併嚴重，導致漢人農民的反叛。在北部邊疆，由於契丹官員的需索無度與邊疆軍務的廢弛，加上遼朝內部虛弱降低了對北方女眞部落的控制，這成爲女眞酋長完顏阿骨打興起的背景。一一一二年完顏阿骨打公開反遼，一一一五年稱帝，建立金朝。一一二五年滅遼，次年佔領華北，滅北宋。由於女眞人在行政管理的組織規模較小，而所佔領的漢地面積與統治的漢人人口數目卻遠較遼朝爲大，據估計，在遼朝，契丹人與漢人的比例爲一比三；但到了金朝，女眞人與漢人的比例爲一比十。[43]而且有力的女眞將領佔領華北各地，儼然成爲軍閥。因此在佔領華北後，金朝延續了遼朝的二元統治政策，並且在華北設立漢人傀儡政權。後來金熙宗完顏合剌（漢名亶）採行漢制，原先的勃極烈部落貴族合議制被取消，厲行中央集權，第四任海陵王完顏亮則更加支持

42 有關安史之亂中河北民族文化混雜的背景和遼宋澶淵之盟的南北分治態勢，參見杉山正明，《疾馳的草原征服者：遼、西夏、金、元》，郭清華譯（新北：臺灣商務，二〇一七年）。

43 Barfield, *The Perilous Frontier*, 180. 中譯本參見袁劍譯，《危險的邊疆》，頁二二八。

漢文化，一一五〇年取消了二元統治，處死了許多女眞貴族與將領，並且將首都從上京會寧府遷往中都（今北京），以便加強對漢地的控制。然而他在對南宋用兵失敗後遭到部下殺害後，繼位的金世宗完顏烏祿（漢名庸）（一一六一—一一八九年）推動女眞本土化運動。他大力支持以女眞文字翻譯中國經史，設立女眞進士科，創立女眞國子學，以鼓勵女眞人學習女眞文字。同時又禁止女眞人將本族姓名譯爲漢文。他恢復以皇族爲主的田獵活動，以振興女眞武功。他曾經舉契丹遼朝不忘舊俗之事對照海陵王學漢人風俗忘本之舉，並認爲只有依循女眞舊風才是長久之計。[44]然而最終金朝在面對北方新興起的蒙古人時，仍舊無法有效抵禦其攻擊，最終於一二三四年亡於蒙古帝國之手。對後世而言，金朝可能是西方人最早知道的中國朝代之名。例如《馬可波羅行紀》中就記載到與蒙古人對抗的金王（roi d'or），這指的就是金朝皇帝。[45]

金朝皇帝以「中國」皇帝自居，其理由大致有二：一是據有中原者爲「中國」；二是行「中國」法律制度者爲「中國」。於是在第二種情況下，「中國」成爲一種政體的稱呼，非漢人所獨佔。金朝在兩者兼具的情況下，確實將自身視爲中國正統王朝之一。金朝女眞皇帝所面臨的張力在於如何以「中國」法度來遂行有效統治廣大漢地，又要維護本族政治優勢與文化主體性的拉鋸。[46]在這點上，金朝的歷史經驗後來也被後世的元、清兩代帝王所借鑑。

接下來要介紹的是征服王朝，首先要談的是蒙古帝國與其創建者成吉思汗。成吉思汗可能是內亞史，甚至是世界史上最重要的可汗。他生於一一六二年，一說是一一五五年。原名鐵木眞。其父也速該從蔑兒乞部的赤列都手上搶走了其妻訶額倫，生下了鐵木眞。鐵木眞九歲時，父親就遭到塔塔兒人下毒暗算而死，他們一家遭到族人遺棄，自此過著顚沛流離的日子。數次受仇家所迫而面臨生死關頭，但最終都能化險爲夷。

最後，鐵木眞在結義兄弟伴當與追隨者的協助下，於一二〇六年統一蒙古高原各部，建立大蒙古國（*Yeke Mongγol Ulus*）。他將麾下的戰士以十人爲單位，編成什戶、百戶、千

44　陶晉生，《女眞史論》（再版，新北：稻香，二〇一〇年），頁九十六。

45　Herbert Franke and Denis Twitchett, eds., *Alien Regimes and Border States, 907-1368*, vol. 6 of *Cambridge History of China*, eds., Denis Twitchett and John K. Fairbank (Cambridge and New York: Cambridge University Press, 1994), 216.

46　關於金朝「中國」論的討論整理，參見陳昭揚，〈略論金朝統治的影響及其歷史地位〉，《歷史教育》第二十期（二〇一四年十二月）：頁一六六—一六八。

戶與萬戶，共有九十五個千戶。此舉打破了舊有草原部族的組織，將蒙古人組成一支組織嚴密的軍隊。憑藉著這支軍隊，他以追討逃亡敵人之名，開始了一系列的對外擴張。一二〇九年，位於今日甘肅地區的畏兀兒人歸順蒙古。同年，蒙古進攻西夏並迫其歸順納貢。一二一一年，成吉思汗以報祖先之仇為名首次攻打金朝。一二一五年，再度攻打金朝，兩次都造成了金軍的巨大損失。一二一八年，被西遼（又稱喀喇契丹）君主佛教徒屈出律所壓迫的穆斯林向成吉思汗投訴，請他出兵解救他們，因此成吉思汗發兵滅西遼。一二二〇年，成吉思汗為了報使者被殺之仇，西征花剌子模，攻破不花剌（Bukhara）、撒馬爾罕等城池。一二二二年，摧毀巴里黑（Balkh）、木鹿（Merv）、玉龍杰赤、也里（Herat），其兵鋒席捲中亞、伊朗與阿富汗各地。一二二三年，成吉思汗手下的大將速不台與者別為了追擊花剌子模君主摩訶末，進入欽察草原，並擊敗俄羅斯與欽察聯軍，席捲俄羅斯。一二二七年，成吉思汗親征未遵守盟約發兵參加西征的西夏國，但最終於攻打西夏過程中過世，享年六十五歲。

成吉思汗過世後，其子孫克紹其裘，持續擴張。繼位的成吉思汗三子窩闊台汗於一二三三年攻破金朝都城開封，一二三四年滅金。之後建都於哈剌和林。接下來蒙古人將矛頭轉向俄羅斯與歐洲。一二四〇年，拔都的軍隊在蒙哥率領下攻陷基輔，一二四一年，蒙古入侵波蘭與匈牙利。就在歐洲人爲之恐慌時，蒙古大軍突然撤退，使他們大感不解。實際上是由於窩闊台汗過世的消息傳至前線，蒙古諸王必須趕回蒙古本部，推選新的大汗。後來由窩闊台長子貴由當選大汗，但是他在位不久即過世。朝政先後由窩闊台的六皇后脫列哥那與貴由汗的妻子斡兀立・海迷失攝政。這段時期蒙古政局動盪，對外擴張缺乏建樹。直到得到拔都一系支持的蒙哥於一二五一年繼任爲大汗後，收拾了敵對的窩闊台與察合台系諸王，蒙古帝國才重新走上擴張的道路。在這段時間內，他與其二弟忽必烈南征大理與南宋，並且派三弟旭烈兀西征阿拔斯王朝，於一二五八年迫使報達（即今巴格達）開城投降，哈里發遭處決。然而就在一二五五年蒙古軍隊即將入侵埃及馬穆魯克王朝的前夕，從蒙古本部傳來蒙哥汗過世的消息，旭烈兀於是停軍，等待選出新的大汗。一二六〇年，忽必烈與阿里不哥爲爭奪汗位引發內戰，最後的結果是一二六四年忽必烈勝出。

此後蒙古帝國逐漸分裂爲四大汗國：即東亞的元朝、中亞的察合台汗國、中東的伊利汗國與俄羅斯的金帳汗國。在忽必烈在位期間，最大的成就是於一二七六年征服南宋。此後往越南與日本的擴張都失利。最後到了十四世紀中期，在瘟疫與天災的侵襲與政治不穩下，各地的蒙古汗國逐漸分崩離析。一三六八年，明軍進入大都，元順帝北走蒙古，蒙古人失去了對漢地的統治，但他們仍舊控制蒙古本部。[47]

美國堪薩斯大學歷史系名譽教授竇德士（John W. Dardess）曾經從領土、權力與知識分子三個面向來探討蒙古人在中國史上宋元明轉折中的重要性。他認爲正是蒙古人所建立的元朝建立了所謂「中國」本部的族群結構，並且將漢人的活動領域擴大到滿洲南部、甘肅與雲南等地。另外也是蒙古人在十四世紀初透過國家教育與科舉制度，將道學簡化（即心學）奠立爲中國的正統，而且被後世的明清所繼承。雖然元朝在中國短暫與多災多難的統治被後來的明朝皇帝與士人（如劉基）多所批評，但也正是有了這個元朝這個制度疊床架屋、道德敗壞與權臣專政的反面教材，使得制度簡化、道德重建與不受束縛的君主專制被後世視爲解決治國問題的良策。[48]以上是成吉思汗與蒙古帝國的簡介，及其對中國歷史的影響。

最後一個統一中國的內亞皇帝是建立清朝的滿洲人，清朝也是最後一個征服王朝。滿洲源自建州女真，在努爾哈齊的領導下於十六世紀末崛起於東北，一六一六年建立金國，史稱後金。一六一九年在薩爾滸之戰中以寡擊眾，大敗明軍。一六二六年努爾哈齊病逝，其子皇太極繼位，克紹箕裘，分別降服了朝鮮與察哈爾蒙古，取得了元朝的傳國玉璽。因此於一六三六年改族名爲滿洲，定國號爲大清。這也象徵清朝接續的是元朝的正統。但他於明朝滅亡前一年病逝。其弟睿親王多爾袞輔佐年僅六歲的順治皇帝，和明朝山海關守將吳三桂合作，入關掃除了流寇，並且消滅了南明的殘餘勢力，初步確立滿洲在關內的統治。

之後的康熙皇帝在南方平定了漢人降將吳三桂等人發起的三藩之亂，蕩平了臺灣的鄭氏政權。在內亞地區則遏止了沙俄在滿洲與蒙古北部的擴張，簽訂了《尼布楚條約》。康熙皇帝還擊敗準噶爾部噶爾丹博碩克圖汗的入侵，外蒙的喀爾喀蒙古也因此歸附清朝，並且於一七二〇年遠征拉薩，將準噶爾勢力驅逐出西藏。

康熙皇帝崩逝後，繼任的雍正皇帝剝奪了功臣與諸王的實權，從而強化皇權。而將一部

47 關於成吉思汗的生平與蒙古帝國的興衰的最新綜述，參見Timothy May, *The Mongol Empire* (Edinburgh: Edinburgh University Press, 2018)。

48 John W. Dardess, "Did the Mongols Matter? Territory, Power and the Intelligentsia in China from the Northern Song to the Early Ming," in *The Song-Yuan-Ming Transition in Chinese History*, eds. Paul Jakov Smith and Richard von Glahn (Cambridge, MA: Harvard University Asia Center, 2003), pp. 111-134.

分火耗作為官員的養廉銀，剩下的上繳國庫之舉，一方面增加了由皇帝支配的經費，另一方面又能斷絕京官進行黨爭的財源。設立軍機處之舉又加強了中央集權。同時大興文字獄控制言論。乾隆皇帝時致力於對外擴張，以其十全武功自豪，並使其成為滿、漢、蒙、藏、維五族的大中華帝國皇帝。他的豪奢與龐大財力也使得他能對藝術與學術加大資助。而以揚州為中心的長江下游地區則在經濟與文化上得到長足發展。乾隆中葉全國人口估計已超過三億，達歷史新高。然而他晚年寵信和珅，導致官場腐敗，加上龐大的人口壓力和有限耕地，也導致農村經濟衰敗和祕密宗教興盛。[49]

乾隆皇帝可以算是清朝皇帝中爭議最多的一位。以往中國學界對乾隆皇帝存在著一種矛盾心理——他既是現代中國廣袤疆域的奠基者，但卻也是導致近代中國落後西方的始作俑者。[50]

歐美學界則著眼於對乾隆皇帝的身分背景與人生經驗對他所帶來的優勢與限制——一方面讚許其功績，另一方面又對其失誤有一種同情的理解。例如美國哈佛大學東亞系教授歐立德（Mark C. Elliott）的近作《皇帝亦凡人：乾隆．世界史中的滿洲皇帝》中探討一七九三年的馬戛爾尼勛爵（Lord George Marcartney）使團訪問中國一事時，更能看出其與中國學界傳統的評價有所不同。

過去中國學界對此一事件的敘述基本上以馬列主義的歷史觀爲主軸，認爲乾隆皇帝統治下的中國正處於封建社會的高峰期，然而已顯露出中衰跡象。而同時代的西方則經歷產業革命與資產階級革命的巨變，英國更挾其先進技術叩關中國。但由於乾隆皇帝的自大心理與愚昧無知，導致中國損失了一個認識外部世界的大好機會。然而該書則指出乾隆皇帝當時不僅熟悉西方地理，同時也清楚當時歐洲法、俄兩國內部的情勢。因此比較好的解釋是他故意展現他對於遠方的英國興致缺缺，因爲當時的清朝整體來說是一個和平且富有的國家，乾隆皇帝一方面年事已高，心有餘而力不足，此外也沒有迫切的需要去了解西方。[51] 此外，作者的高足、現任美國西雅圖華盛頓大學歷史系助理教授馬世嘉（Matthew W. Mosca）的近作《從

49 有關清朝的歷史綜述，參見戴逸編，《簡明清史》（北京：人民出版社，一九八〇年）。

50 這類主張的代表作，參見戴逸，《乾隆帝及其時代》（北京：中國人民大學出版社，一九九二年）。

51 歐立德（Mark C. Elliott），《皇帝亦凡人：乾隆・世界史中的滿洲皇帝》，青石譯（新北：八旗文化，二〇一五年），頁二三七—二六九。

邊疆政策到對外政策：印度問題與清代中國地緣政治之轉型》中，透過整合廓爾喀（今尼泊爾）方面的情報與馬戛爾尼勛爵在與英國本土的通訊中所表達的顧慮，說明了至少在馬戛爾尼使團訪問北京前後，清朝已經認識到英國在印度與廣州的勢力。只是受限於不同語文的資訊在中譯上的整合有困難，以及清朝邊疆政策較爲分權化的限制等等，因此清朝對英國的認識仍屬有限，但並非如過去所想的對外界一無所知。[52]

綜上所述，自中國建立皇帝制度以來，中國皇帝就面對來自內亞統治者的挑戰，這些統治者的地位與中國皇帝類似，其稱號包括了單于、可汗、贊普等等。後來內亞民族統治者也接受以皇帝作為其稱號。

不過必須注意的是內亞與中國並不全然是能截然二分的區域與概念，兩者不僅互有重疊，而且與兩地人群也有著長久的互動歷史。無論是拓跋國家、滲透王朝還是征服王朝，這些內亞皇帝都面對著同樣的問題：如何以少數非漢民族統治人口眾多的漢人，但又同時能夠保持本民族的政治特權與文化認同。而內亞皇帝留給近代中國的歷史遺產，包括眾多人口（至乾隆中葉達歷史新高）、廣大領土（元、清兩朝將內亞邊疆、西南邊疆與臺灣納入中國的政治格局中），以及境內文化傳統的複雜性（例如清代的滿、蒙、漢、藏、回五族格局對民國的影響）等等。這些都讓後人得以重新思考中國的定義與內涵，有助我們試圖想像一個更具包容性的中國。

52 Matthew W. Mosca, *From Frontier Policy to Foreign Policy: The Question of India and the Transformation of Geopolitics in Qing China* (Stanford: Stanford University Press, 2013).

第肆章

宋代皇帝與他的士大夫如何治國？

蔡宗穎

宋代皇帝的皇權從來不是一人之上，萬人之下。事實上，不光是宋代而是皇帝都需要官僚協助治理國家，這是非常實際的問題：皇帝從來無法依靠一個人的權威控制整個帝國。一位皇帝面臨的是如何凝聚國家的向心力，同時，皇帝更重要的是創造制度讓國家官僚共同合作，連結中央與地方的關係，讓士、農、工、商各司其職，人民按照其本分，相信在皇帝制度底下的官僚系統，能夠帶給他們更好的生活。

「皇帝」存在的年代是什麼面貌？我們不曉得，但是在網路資訊未發達的時代，資訊網絡該怎麼流通卻是個有趣的問題。要怎麼宣傳才能讓人民有向心力。因爲國家直接面對的是怎麼吸引人才靠近中央，聚攏人心才是核心，連續劇後宮嬪妃的愛恨情仇反而是其次。

宋代皇帝底下的政治有什麼不同。皇帝跟他共同管理的大臣們怎麼想像他們的帝國，故事之所以好看是因爲一切都跟人有關係，所以我們要先談談宋代人物的故事。

中國歷史上想當皇帝的人不少，如前述當皇帝還得要有作皇帝的屁股，想把屁股坐熱、坐得久絕對不是只靠「馬上得天下」的本事，還要建立新的秩序。

不變的硬道理是「槍桿子出政權」皇帝想要就必須要把軍隊、財政抓緊，然後籠絡天下英豪。這是因爲國家必須跟地方能夠產生連結，地方英豪便是朝廷希望拉攏的對象。用今天的說法，皇帝不只是需要政府官員，更需要地方鄉民以及綱軍愛戴來引領風向，讓人民生活的好。

俗話說：「飛鳥盡，良弓藏」，當新國家建立以後，那些不願意歸附朝廷的好漢，逃命的逃命、認命的認命、革命的革命，想來最後成敗之間還抵不過一個時代大勢。中國將時代的變遷精神用「天命」兩個字來說，時代潮起潮落就在於人心歸向，至於人心歸向是什麼就難說了。

五代時就有人說，「天子，兵強馬壯者爲之」，意思是拳頭硬的出頭天，不過拳頭硬外，還要有搧動的感染力，讓手下甚至是群眾無條件的追隨你的施政措施。

十世紀後的中國社會出現了巨大變化，過去唐代流傳幾百年政治大家族庇蔭下的知識份子消失，在紛亂的戰亂中，出現新的知識階級稱爲「士大夫」。他們依靠科舉考試當官，在這群知識份子的努力下，宋朝的文化、政治、文學、藝術、飲食成爲我們當代生活樣貌。

宋朝非常多元，開始流行和樂融融的辦桌文化，愛好飲茶隨處可見茶坊，愛喝酒到處可見酒肆和喜歡呼朋引伴的酒鬼，並出現喜歡吟詩作對的文青，這樣豐富的生活體驗，對於想穿越的人到宋朝絕對是首選。

回到宋代的開國是最關鍵的時刻。那時候英雄輩出，對於混亂的世界提出有效、簡單、易懂的作法。宋代前期三任皇帝奠定國家的基礎，制定治國的規則以及任用官員的新方針，因此出現一種新的國家型態。

這時候必須說，宋代特別強調用讀書人治理國家，同時並未放棄武力訓練，他們與周邊國家簽訂對等和平條約，奠定百年和平的基礎。

同時，宋代重視經濟的發展，鼓勵做研究、改革，因此創造力更爲豐富，更多新的商業模式出現，如定期市集、城鎮市集、夜市生活以及飲茶生活，俚語開門七件事柴、米、油、鹽、醬、醋、茶也在宋代出現。

趙匡胤黃袍加身，安內攘外建立國家制度

十世紀（九六〇年）在開封東北四十里陳橋的驛站，趙匡胤受手下簇擁披上黃袍，在士兵鼓譟下承接天命。趙匡胤他的接受帶著點無奈，戰場上面對兵將鼓譟喧嘩，甚至還帶點威脅。為了活命，趙匡胤班師回朝成為開創時代的皇帝，這故事顯然有一定的合理化。到底發生了什麼事情？趙匡胤能夠在陳橋驛，主導一場蓄意已久的事件。九五九年，周世宗皇帝去世，留下僅九歲的兒子繼位，五代十國幼主繼位，不論是後宮太后、皇后掌控大局或是武臣謀反，幼主即位容易讓人聯想到的就是政權的不穩定，幼主就像個受到操縱的傀儡。

對於看清楚政局的老臣與將領來說，自己可能因為新的局勢喪失財富、地位，更甚家族的身家性命都可能面臨極大的危機。因為五代常見的遊戲機制是，獲得政權後開始殺戮功臣，減少敵對的勢力，這是最為迅速且常見的方式。

其實不只是宮廷裡官員們擔憂，就連史料中都記載趙匡胤準備出兵到陳橋驛時，上天也出現了異象，出現兩個太陽。人民口耳相傳的謠言說著，「當立點檢為天子」。人說謠言止

於智者，但是就如同社會學家龐勒《烏合之眾》所說，人類是集體性不理性與盲從，容易相信簡單又易懂的謠言。

理論上，國家的祕密機構應該要掌握這樣的謠言，防止謠言不斷的發酵，甚至要想辦法宣揚自己政策執行的優勢。但是，史書上記載最恐怖的一件事是，面對流竄的謠言，深宮中一無所知。

趙匡胤出兵的那天，京城百姓內心惶恐不已。這樣的局面，在五代亂世絕非第一次。士兵的隊伍浩浩湯湯的集結，隊伍行列整齊。看到這樣的光景，京城的百姓鬆了一口氣，有紀律的軍隊，背後代表著統帥對軍紀的要求。史書沒有說的是，趙匡胤可能早就跟百姓達成的某種像是約法三章的承諾，目的在於保障京城百姓人身安全的政策，所以，軍紀嚴明變成百姓觀察趙匡胤是否兌現承諾的指標。動盪的大時代，五代十國間軍隊燒、殺、擄、掠的影子還緊緊的烙印在那個時代人們的集體記憶。所以，當百姓看到軍隊的隊伍行列整齊，心中那塊大石子也就放下。

宋代司馬光筆記記載，趙匡胤出兵之前，內心仍舊躊躇不已，不斷問著：「該如何是好？」有想法的姊姊告訴他說，「大丈夫面對大事，要自己做決定，不要拿回家嚇唬女人。」

這段筆記故事引申出一個想法：想要成功，做大事，就別對未來感到不確定性及因成敗而躊躇不前，如果已經決定那就去做，對自己負責不要讓自己後悔。

之後，趙匡胤將自己的家人安置到荒郊的寺廟，爲不久要發生的事情埋下伏筆。趙匡胤班師回朝的路上走得異常的平順，毫無阻礙。最後，趙匡胤召文武百官要舉辦禪位典禮時，缺了一折後周皇帝的詔書，但戲劇性地學士陶穀從袖中乾坤拿出一紙禪位詔書，群臣俯首拍手一致認同新皇帝的即位。這故事正因爲一切太美，美的讓人不切實際，所以讓後代人不禁懷疑這「故事」是一場策劃的表演。

從史學角度，通說認爲它是精心策劃的革命，隨之而來也是象徵新的時代來臨，五代亂世的政權以和平轉移落幕，沒有大規模的燒殺擄掠，沒有受到報復性殺害，舊有皇室成員也受到一定的禮遇。

檢視這段事變，可以看出兩個關鍵，第一個是幼主即位太后掌管朝政，朝中官員最擔心的是什麼？是政治清算。他們不只是擔心自己生活沒著落，更害怕爲了要統治順利，更換政治班底時可能伴隨的血腥清算，所以他們選擇支持對他們有利的領導人。第二個是趙匡胤掌握軍政大權的機會，當機會出現時他已經準備好，抓住機會創造成功。不過，光是有好的局勢是不夠的，有好的局勢出現，還必須有能力與勇氣去面對自我的懷疑。

宋太祖結束八〇年五代亂世的混亂局面，能在混亂局勢出頭天的人，大致上有兩種特質：一是擁有感染力。感染力能夠號召群眾爲他做事，有感染力的人，有能力開創局勢，這便是英雄造時勢；二是轉變的機會。正因爲亂世所以讓人有機會翻轉原先的階級，憑藉個人的能力以及戰功獲得地位，這是時勢造英雄。時勢造英雄與英雄造時勢究竟是誰多誰少，測不準、說不準才是世道常理。

亂世的無秩序感與失落是大時代的圖像，重建秩序讓眾人重新能夠依循某種世道的規則，選擇自己想要生活方式。這麼說或許是過度現代的說法，因爲自己想「選擇」，開始說出「我覺得」如何，強調個體是今人的想法。但是，如同克羅齊說的：「所有的眞歷史都是當代史。」歷史是需要從過去的經驗中，找到它與現代世界的連結，從連結中看見產生意義。

從陳橋兵變來看，宋代立國面對兩項極大的挑戰：

(1)北方遼國勢力強大，宋代必須有足夠的武力維護國家。
(2)宋太祖趙匡胤立即面對的就是，如何建立一套制度讓自己能夠在皇位上長治久安。

面對內外交迫，趙匡胤選擇先安內後攘外。他看清局勢在羽翼尚未豐滿的時候，選擇先與遼國恢復友好關係，致力消滅地方各軍閥的勢力，並重新建立國家制度。訓練大規模忠心且知識淵博的文官，運作國家行政，這是很重要的一環。

因爲一個國家要能夠維持正常的運作，需要有官員反覆做同樣的工作，並且這份工作要能夠養人，讓人願意加入這套制度，爲它付出一生。

建立政權初期，打天下的軍隊同時爲政治的安穩帶來威脅，因爲跟著太祖打下天下的將領，他們的權位越高對於中央政權的威脅性也增加，因爲所有大將都有忠心耿耿的一群部下。趙匡胤肯定也認知道這個問題，手握重兵的將領，對中央的威脅是很大的。

史料中趙匡胤他不斷的重申自己的兄弟絕對不會背叛自己。但是他出身軍旅，深知將領專權對國家造成的威脅有多大。就如同前述，建立國家必然需要軍隊的支持，但是如何妥善的解決武將專權的問題？怎麼讓人願意放下自己擁有的影響力？怎麼勸說最有效？成功，便順利的卸下自己政權面對的威脅；失敗，可能又是另外一場武力事變。

趙普也許看出趙匡胤心裡的躊躇，身爲宰相是要制定大方向提出政策。趙匡胤得到天命之後，面對著道德兩難：一來是當上皇帝後，要捨棄軍旅生活的兄弟情誼是很困難的，他的內心想必正煎熬著。二來他又深知軍隊這個隱患非削軍權不可。

因此，趙普建議趙匡胤必須奪取將領的兵權，不只站在國家的角度來建議，同時屢次對趙匡胤勸說，正說明他要消除皇帝內心中的徬徨。

「君弱臣強」向來是政權穩定的大忌，治理國家的領導人不只必須掌握軍權與財政權，還要剔除政治上可能的威脅。文吏出身的趙普，歷練豐富熟知官場種種的黑歷史，武將掌權是極大的隱憂。

最後太祖藉由一場與軍隊兄弟的宴會，道出自己當皇帝的隱憂：怕自己皇位坐得不穩。他說：「萬一你們的弟兄也想得到富貴，強迫你披上黃袍，這就不是你想不想做的問題了。」所有將軍聽得明白馬上跪地祈求一條生路，因爲，得位後殺戮功臣這樣的故事實在太多了。隔日，爲了活命就交出手上軍權，這是歷史上透過一場聚會巧妙的解決軍隊可能擅權的問題，就稱作「杯酒釋兵權」。趙匡胤成功用豪宅，大量的田地與財富，坦誠自己遇到的困境，說服將領放棄權力，享受財富。

對宋太祖趙匡胤來說，收編軍權讓自己變成權力的最大數，目的是保障再出現第二個挑戰者，他任用一批更年輕的文官與將領，掌握中央權力。

因此，可以說趙匡胤當皇帝不只是實力，還有天命，天命是象徵人生的那幾分的運，如《史記》說「張良千金之子不死於市」，仍然是強調他的特殊性「天命」。

宋太祖如何掌握天命？

宋代建國之後關於天命的神話屢見不鮮，人慣於聽故事也愛說故事，這些故事無論眞假，都讓人對太祖建國找尋一個更加合理化的答案。這答案背後反映著：想要和平的安居樂業，達到小康社會的中國夢。

趙匡胤當上皇帝後曾經數次的微服出巡，這是非常獨特的一件事。皇帝是中國古代政治核心的象徵，這樣的舉措是不恰當的。但是趙匡胤並不理會旁人的建議，堅持微服出巡，並且說：「帝王之興，自有天命。」那麼到底什麼是天命？

意即：天命是你的就是你的，不是你的你也拿不走。

爲什麼趙匡胤必須要微服出巡？他爲什麼選擇視察首都呢？可能的原因是城市是士人、鄉民群聚的場所，如同底層鄉民網絡，他們是各種的八卦消息站。

如前述，當初趙匡胤領重兵出城時，城中百姓喧嘩早就已經知道會發生什麼事情，他們的心情忐忑不安。而且，天上的太陽突然被黑色的光影遮蔽，這種種異象讓百姓人心惶惶。

天的異象也象徵著變化開始，帝王皇宮的那道牆是個防禦，也是隔絕一切消息的高牆，趙匡胤認清楚身處宮廷之間的皇帝，如果沒有牢牢的掌握訊息，對外在一切一無所知那是恐怖的事情。

所以，面對現況並不可怕，最可怕的是對於現況渾然不知，毫無警覺。因此，趙匡胤的微服出巡自然有他的道理，不然一個專擅的官員就可以壟斷皇帝身邊的訊息。

創建國家難，但皇帝要與官員共同把國家扛起來更難。特別是中國文化底下都認為開國的氣度會影響整個朝代的命運。開國所創立的規則，宋代稱之為祖宗家法，它代表開創天下君主創建的理念，理念被後世墨守變成不可更動慣例，成為國家立國的核心精神。

宋太祖之後，太宗繼承兄長的志業繼續改革政治問題，宋朝初期政治局勢，凡碰是國家大事必然會召開官員共同議論政事，甚至會在宴會中詢問官員的意見，當然皇帝是最後的決策者。宋代的官員相對於唐代的官員來說，皇帝的權威不斷的提升，官員必須要將所有要上奏的東西寫成提綱，讓皇帝預先知道官員預計怎麼做。只是這必須是精力充沛的皇帝才有可能做到將決策一把抓在手中。

最強的皇帝也不能為所欲為

宋初建國面臨到一個國家最深刻的問題：求人才。只有皇帝有能力不夠，皇帝還需要有智識、能力的人協助他處理正事，開國之初在未建立常態制度時留用前朝官員是最保險的做法。

前朝的官員面對新任皇帝，人說伴君如伴虎，在皇帝面前自然也得如履薄冰，像宰相范質等前朝官員都相當忌憚趙匡胤的英明。過去宰相坐著與皇帝討論，但是宋朝以後宰相是站著跟皇帝討論政事，有些史學家就認爲這是宰相權力受到削弱。

筆記記載某次范質等宰相與太祖討論時，太祖說眼花要求宰相呈上箚子，等到宰相準備回到論政的位子時，發現椅子早已經消失。自此，宰相論事必須站著，就成了行政上的慣例。這也算不得是宰相權力受到制裁，而是前朝宰相面對太祖，難免要爲自己的身家性命著想，只是這慣例開始後也就不好改回去。

趙匡胤就像是漢高祖劉邦，太祖當上皇帝也跟他的戰友喝酒開派對，許多軍隊狂歡的習慣仍在。但是，太祖身旁的趙普卻提出警告，想要建立穩定的國家就必須要節制武人的權力，必須要收兵權，趙匡胤也演了一場好戲。趙普與趙匡胤的關係匪淺，前朝官員宰相范質、王溥等人上奏時，面對聰敏的皇帝，臣下要想辦法揣摩上意，所以前朝官員們就會先問問趙普。太祖的母親杜太后見到趙普就稱他為趙書記，請趙普輔佐趙匡胤。由此，趙普與太祖關係可見一斑。

五代藩鎮軍權過強，以至於造成國家不安穩。如前述，趙匡胤杯酒釋兵權的故事無論眞僞，目的都說明國家初期最重要是收兵權與建立制度。

對於完成大業當上皇帝的人，政治位子爬得越高，自己越親信的人反而越少，甚至就算是親信也不見得能相信。宋太祖也是如此，他想當個自由的皇帝，但正因為是皇帝，反而被皇帝應該有的作為給約束。

因此，當皇帝眞的那麼好嗎？

《長編》有個故事就很耐人尋味，下雪天太祖拜訪宰相趙普，趙普問說：「天氣那麼冷，陛下怎麼還出門呢？」太祖說：「晚上睡不著覺，房門外都是別人家，所以來看看你。」甚至畫家劉俊為這則故事畫了一幅《雪夜訪趙普》，趙普聽到門外有叩門的聲音，一推開門就看到變裝後的皇帝，站在自己的家門前，趙普趕緊請皇帝入門，取炭火烤肉，在屋內可能是趙普的妻子熱壺酒，皇帝與大臣促膝長談，不知道是敘舊還是討論軍國大事。

不過，據說這樣事情對太祖很平凡，太祖很喜歡不定時到各個功臣家坐坐，這反映著什麼？就讓人可以產生許多的聯想。

從政治上思索，當一個人位高到皇帝，私自到功臣家坐到底是監視還是敘舊呢？也許是確定官員下班後，有沒有群聚在一起共同批評時政，有沒有人結黨。

當皇帝為抓住權力，即使是對自己身邊的功臣戰友都還要提心吊膽，害怕自己提攜的功臣集團尾大不掉。說到底人對權力所產生的便利性，很容易感到迷戀。權力雖然如消逝在空中的紛飛雪花，難以捉摸卻能夠感受得到，人貪念著權力時就想把它緊緊抓住，就忘了自己來到這世上的時候是兩手空空，死後也是雙手一攤帶不走任何一筆。

從個人心境來說，當皇帝很悶，為了做皇帝必須有皇帝的風範，不再能自由的行動，還必須擔心臣下奪權。加上原本打天下的夥伴，讓他們回到故鄉享受榮華富貴，自己則是要適應沒有革命情感的新官僚群體。因此，皇帝自稱是孤家、是寡人，戲謔的說這也是皇帝自我描述心中的惆悵，一個人不再自由的感覺。皇帝是整個政府的中心，但是這樣的重擔，擔上去後卻只有到死才卸得下來。

甚至皇帝也沒辦法太蠻橫，趙普推薦一個太祖不喜歡的人升遷，太祖拒絕。明日，趙普上朝繼續推薦同一個人，太祖不同意。直到第三天，趙普如是，太祖將其奏章撕裂丟在地上。趙普不急不徐，對太祖說：「刑賞者，天下之刑賞，非陛下之刑賞，豈得以喜怒專之。」趙普這話說得很有魄力，「天下之刑賞」說的是刑賞的方法是有一定制度，而不是依從皇帝個人喜好。

所以說，就算是開國的太祖，他也不能任意妄爲。換言之，皇帝是看似掌握天下，卻無法掌握所有事情。同時這也表示皇帝在馬上得天下後，有關國家政事通常必須委任官僚群體運作，而不能一人治理天下。

皇帝需要有能幹的宰相協助處理政治

宋太祖趙匡胤戎馬一生閱人無數，勇敢有決斷，不過太祖仍然有深深的體會，只憑武力無法建立起國家。所以，開國初期爲了求政治穩定，兵不血刃保留後周的大臣。趙匡胤其後任用趙普爲相，趙普擅長吏事，就經史學術上造詣不深。

太祖趙匡胤常勸宰相趙普多讀書，他告訴趙普說：「否則那些透過科舉考試的進士很難對你心服口服。」根據史載趙普畢生研讀最深的就是論語，他常在回家後關起房門仔細研究論語這本書，還只讀了半本就能夠治理天下，因此人說宰相趙普用「半部論語治天下」。

政治總是多變化，就像一個人的生命一樣，搖擺的生命之火炬可能瞬間就熄滅。太祖趙匡胤懸疑死亡後，對熟知政事的趙普來說，想來也知道「斧聲燭影」（世人懷疑趙光義弒兄奪位）這件故事的眞相。

想要在政壇打滾，有時就算熟知眞相，也不能與掌握者的抗衡。掌握天命換句話說就是掌握權力，一生入相三次的趙普在官場上看得清楚。當太宗皇帝北伐遼國失敗後，皇帝腿上的瘡傷，遠遠比不上皇帝對自己的失落感，加上群臣批判的議論。

回歸到皇權是一個至高的象徵，人們的渴望就像漫畫海賊王裡對大祕寶的執著一樣，特別是人們心中總是渴望有英雄出現，有一位英雄能夠帶領眾人走出迷霧。當皇帝沒辦法承擔這樣的角色時，宰相必須用他的策略，協助皇帝恢復地位。這位重臣趙普重申過去他聽說過「金匱之盟」的故事，說明太祖曾經將要傳位給太宗皇帝的文書，收在密盒裡表示慎重，經過重量級的趙普再次宣稱這個故事後，無人敢在質疑皇帝的權威，趙普執政也壓下許多官員們議論。

因此，可見太宗重新任用這位宰相，目的在於恢復自己的皇權。最後太宗皇帝的晚年在趙普的協助之下恢復威信。皇帝任用德高望重的宰相，是看中宰相的領袖魅力，也是要看見一個宰相對自己是否能忠心耿耿，更要利用他們得到某種榮耀與權力，儘管這個權力是代表皇權的一部分。

至於宋代第三任皇帝眞宗，相對前兩任皇帝他是未經戰事磨練，是繼承體制的皇帝。眞宗是文化氣息濃厚的讀書人，換言之，面對實際政事不太幹練。

幸運的是，宋代的制度相當成熟，皇帝處理實務，需要借重身旁宰相或是高級官員的密切協商，宋代將這樣的議論稱之爲「集議」，它是集體討論的智慧。

眞宗上任後，最重要的是宋與遼的關係出現新的變化。公元一〇〇四年秋天面對遼國的軍事逼進時，眞宗在宰相寇準的強烈言詞之下，決心親自指揮軍隊，這場衝突最後在談判中取得重大的成就，兩國互換文書簽訂澶淵之盟，盟約確立兩國的地位平等、互市、互相引渡罪犯等等約定，創造兩國未來的百年和平。

不過，宰相寇準的政治地位，很快就受到其他宰相的鬥爭，讓簽訂盟約的功績變成向敵人低頭的恥辱。對眞宗來說，也許前兩位皇帝功績實在大，讓眞宗有種莫名的心理壓力，想要媲美前任永遠是個心頭的重負。面對這樣的局勢，眞宗身旁的宰相王欽若用了很巧妙的方式，協助皇帝重新尋找「天命」，宰相利用「天書」降臨，用天書的福瑞重申皇帝的權力來自於天，宰相王欽若也請眞宗啟用古老的封禪大典，讓迎天書、封禪的活動就像是舉行盛大的祭典。

眞宗朝在近似瘋狂祭典底下揮霍許多的財力，也在揮霍中讓皇帝找到某種程度的安慰。就連曾經有堅持，受貶謫的宰相寇準，也忍受不住二十多年遠離政壇的寂寞，蒙蔽自己內心的良知，跟著這一場奉迎天書戲碼，重新回到權力中樞，但卻也是有名無實，當年的意氣風發早已經不再。

綜合來說，北宋自太祖、太宗、眞宗三任皇帝，雖說看起來宋代採取多相制，宰相的權力看起來是受分散，不過實際上宋代的宰相隨著朝代時間越長，多相制其實是增加更多官僚參加執政會議，會議的背後是個宰相團體共同的決策。

宰相共同決策的目的仍然是如何協助政策的運作，它是代表的皇權的一環，作用在於協助皇帝管理國家的官僚。

特別是眞宗以後的皇帝，皇帝可能不在擁有實際上的行政或是軍事經驗，皇帝在宮中的決策更需要的是身旁官員的輔佐。北宋更特別的是當面對幼主即位後宮掌握政權時，宰相群體變成維護皇權的一份子。

舉例來說，北宋仁宗時，幼主即位劉太后掌握垂簾聽政，仁宗生母李妃去逝，劉太后子草率處理李妃的後事，宰相呂夷簡力諫皇帝之母的葬禮必須要符合規格，這讓劉太后非常的憤怒說：「難道宰相也要干預後宮的事情嗎？」呂夷簡一絲不茍的回應說：「太后難道不想爲劉氏一族留一條生路嗎？」宰相呂夷簡這麼說，是因爲皇帝遲早會發現自己生母的祕密，萬一發現劉太后曾經虧待自己的生母，劉太后劉氏一族的官宦可能不保。由此，宰相不只是要會讀書，身為宰相要有勇氣而且知道如何做出利益分析，提供給決策者做出好的決策，這才是宰相諷諫的意義。

這是因為皇帝沒辦法一個人就很強，個個都像開國皇帝宵衣旰食，那實在是沒有人性。當然，現代仍然有人認為中國政治文化的好與壞取決於皇帝的素質，但這是過份將所有的期待都集中到一個皇帝身上。對於政治來說，他的核心應該是能不能將各地的人才納入中央，並且能夠容納不同的聲音，透過集體議論討論出最好的決策，但往往這樣的期間都不會是很久。

北宋君臣改革的夢想

期待「改變」的力量，「改變」究竟只能依靠天命，還是繼承天命底下人的活動。如果說政治是人活動過程的總和，那麼對北宋來說它想改變的是什麼？

眞宗末年因爲遠征遼國的軍事失利，使得他自己皇帝的權威降低。奉承的宰相王欽若想到能夠激勵皇帝的方法就是重啟封禪大典，「封禪」代表一個皇帝治理天下得當，社會富足，政治上是最好的時代，也是最壞的時代，當時透過類似宗教迷信天書，讓整個國家陷入對慶典的著迷，國家充滿著和平的氣息，但對於潛在的威脅視而不見。

歷史上總會見到，最可怕的事情不是現況，而是面對現況選擇自欺欺人。眞宗晚年的國家面臨弊端最後還是藏不住腳，二大亟須面對的問題即是：流失的財政、邊境軍事衝突。

即使眞宗時，同列宰相的還有出身名家的宰相呂夷簡，也無法改變局勢，能夠維持國家運作就已經不容易。在中國的政治裡一個人很難撼動整個局勢，如果宰相控制不住底下的官僚集團，就容易成爲群體盲從；另外一種情形是，誰是權傾一時受到皇帝信任的宰相。倘若有權相不向皇帝提出自己的良心建議，跟著最高決策者皇帝繼續迷航，整個國家就會漫無目的的擺盪，等待新的時機。就算是洞見未來趨勢的官員，在中國政治文化下，曉得一個道理說得有道理不如說得有效，要有效果不能急最好乖乖的封口等待時機。

眞宗駕崩之後，變化的時機終於來臨，看似瘋狂的天書以及各式祭典，最後隨著眞宗的葬禮埋入地下。大風吹起風向已經轉變，原本贊同天書的宰相以及官僚們，紛紛被罷黜遠離權力的中心。

仁宗皇帝繼位初期，尚且年幼，面對朝政留下的艱難局勢，仍然依靠身旁聰穎的太后以及宰相集團協助處理政事。也在這個時期，許多大臣或是日後的政治家，將眞宗末年視爲國家需要改變的時刻。

但是下一步的策略是什麼？想要改變，該怎麼做？

有手腕的宰相呂夷簡擅長於內政，他一方面能夠掌握住當時的朝政，不至於讓國家的事務隨著幼主即位而失序，另一方面又要代表皇權不時與垂簾聽政的劉太后一邊合作與抗衡。不過宋朝對外周邊國家的軍事衝突與談判，對內國家過多的官僚與軍費的支出，問題逐漸浮現，不再是管理內政的問題，面臨內外交迫，迫使新一代的政治人想要改變，見到宋朝能恢復到過去的強大，他們要求改革的契機，用激烈的言論抨擊時政。

公元一〇四〇年范仲淹抨擊掌握朝政的宰相呂夷簡，范仲淹認爲呂夷簡結黨營私，在任人選官方面任用親信，規勸皇帝必須要做好皇帝該做的事情，將人才放在對的事情上。范仲淹越位的舉動，在中國政治本身就是非常危險的一件事，即使在身旁的新一代士人非常欣賞范仲淹的勇氣，但是范仲淹所指責的高級官員卻對如此嚴重的指控感到反感，甚至皇帝對此也感到不悅。

爲此，范仲淹受貶到陝西三年，三年之間范仲淹累積戰事的經驗，更多的是不斷與周邊的党項人協調，對於周邊的國家來說利用軍事行動換取談判的機會，比起全面戰爭想辦法在談判桌獲取利潤是更聰明的方式。

三年之後，呂夷簡在退休之際推薦范仲淹，范仲淹利用書信向呂夷簡說明自己過去的衝動與不成熟。呂夷簡在他宏大的肚量下，兩人不計前嫌，當然更實際的原因是隨著周邊國家的騷動，必須借重范仲淹在邊事的威望與經驗，這時就顧不得個人的恩怨，畢竟政治上沒有永遠的敵人，也沒有永遠的朋友，如何彼此共同創造更大的利益對於老練的宰相恐怕是最重要的一件事。當時面臨的問題，根據宋朝人的說法如下：

(1)兵力疲弱，敵人容易長驅直入。
(2)邊境軍隊未有隨時戰爭的準備，士兵訓練不良。
(3)國家的財政出現問題，需要解決官員過去以及軍費過多的支出。
(4)天災頻仍，民生衣食出現困難。

但是范仲淹的改革變法損害到過多既有官員群體的利益，很短的時間就失敗。儘管他與他的夥伴，對時政的見解非常犀利，但是犀利解決不了問題，而是要妥善處理人的關係。范仲淹處理人的關係過度粗糙，帶著過度自信的態度容易讓人覺得他自以爲是、固執，難以對話。

所以宰相范仲淹，與官僚團體處得不愉快，甚至范仲淹常與人爭辯，就算是皇帝也不例外。范仲淹想要精簡人力取得更有效能的政治體制，一來這項政策沒有人想成爲范仲淹政策下的失敗者，反對勢力群起抗衡；二來就連皇帝也不願支持范仲淹的政策，連皇權都不願意支持的改革，最後這場立意良善的改革，就成爲對范仲淹個人行事風格的批評。

同時，慶曆變法後，政治上出現朋黨的區分越來越明顯，許多新任官員多半用激進的言論批評時政，受到當權人士反感貶謫到外地反而視爲一件榮耀的事情。范仲淹代表著是崇高的價值觀念，他代表讀書人肩負天下的責任，強調知識菁英必須改變社會。但是，後世過度推崇范仲淹，沒有認知到那個年代的保守勢力，卻也正是維護國家運作集體政治下的官員，要推動變革必須要尋求人和，要共同創造既有官員的認同。

直至王安石的變法又將想要轉變的想法推到一個高峰，王安石大刀闊斧的變革，得自於皇帝的支持，王安石的大政府思想，希望強化中央對地方的控制力，由上到下自底層開始改變整個社會。王安石改革更爲人矚目的是，神宗皇帝與王安石兩人君臣互相倚重，彼此信任，雖然這次改革的評價在當時未完全成功，但是王安石變法的精神一直到北宋末年的宰相蔡京，仍然自認爲是王安石的繼承人，延續王安石改革的精神。

身為皇帝的萬般困難焦慮

身爲皇帝很困難，對於皇帝來說，他的責任就是選人，選有能力幫助他處理政治事務的人爲宰相。讓天下經濟穩定，人民吃得飽。當個宋代皇帝除了開國皇帝太祖、太宗外，承接位子的皇帝必須熟讀儒家經典，成爲整個國家形象以及榜樣。

這無形之中是對一個人的重負以及枷鎖，如同前述當「皇帝」難，特別是繼承體制的皇帝，他必須扮演著眾人對這個職位的期待。以宋代第三任皇帝爲例，眞宗在位時對於他的政策總是在搖擺。在天亮前，皇帝已經起床梳洗準備待會要接見群臣開會，朝會在逢五逢十的日子舉行一次。皇帝必須接見來自天下各級官員的報告，閱讀奏章並進行討論做決策，吃完早餐後還得要繼續批閱奏章，下午時，終於可以有自己的空閒時間。但是皇帝不總是有時間，特別是他面對臨時的上奏，在屬於他休息的時間裡必須繼續與大臣展開討論與對話。

這樣的事情聽起來，很難想像一個人怎麼在這樣的環境裡繼續撐下去。

根據宋代著名宰相家族出身的呂公著，曾上奏章告訴神宗皇帝說，皇帝必須要隨時注意自己的一言一行，並且要隨時自我反省，並且依照道德規範以及禮節行事。這樣的過度壓抑，除非皇帝他精神力異於常人，否則很容易成爲歷史上的精神病患者。

正因爲皇帝不可能全知全能，因此必須有人協助一起做決策，要做好決策就需要獲取多方的資訊。因此，皇帝必須透過各級行政官僚提供資訊，協助他與宰相們作出決策。

神宗時，宰相文彥博提出皇帝「爲與士大夫共天下」，這句話常被當作宋代皇帝是與士大夫共治天下。

不過細溯文彥博說話的背景是：文彥博針對宋神宗偏信權相王安石的意見感到不滿。所以，回到對話的語境，文彥博並不是要皇帝與士大夫分享權力，而是要求皇帝做決策時不能偏聽一人的觀點，而是要與官僚群體共同討論，產生出大家能夠妥協的方案。

因此，此處的「共治」固然是中國文化讀書人「以天下爲己任」的壯志，不過就現實利益來說，權相以及他的官僚集團是透過皇權的支持形成。一方面顯示的是宋代皇帝想要積極參與政事，另一方面皇帝參與政事又需要有權相協助他統合百官意見。因此至少在宋代來說，皇帝與宰相團體逐漸形成互利共生的團隊。

當皇帝信任某個宰相時，權相的權力自然權傾朝野，但是皇帝能放出權力也能夠收回權力，甚至能將施政的錯誤歸咎某個權相。皇帝用權相遂行自己的意志時，當施政失敗自然可以歸咎於權相的失敗，落得道德上的聖人。像是南宋著名權相秦檜死後，南宋高宗說，「我藏在靴子的小刀終於可以收起了。」這只能說南宋高宗的政治智慧，利用秦檜之死製造自己聖明君主的形象。

宋代培養許多讀儒家經典出身的官僚，他們必須依附科舉制度獲取權力與地位，同時他們也是這套制度最忠實的粉絲。

對於當時地方家族來說，讓子弟讀書成為官員是另外一種不錯的賭注，在地方能夠經營一方事業的家族，家中有足夠的經濟能力讓子弟讀書參加科舉，有機會能夠晉升到中央任官，這對他們整個家族來說不只是榮耀，而且還可能獲得相當的好處。

這像前文提過，皇帝要創造一個遊戲機制，讓地方人士願意參與這場權力遊戲，並且願意為他瘋狂的賣命。為了達到目的皇帝親自擔任考試主考官稱為殿試，親自挑選考生成為官員，讓所有通過科舉的進士以及全天下的讀書人，都象徵性的成為天子的學生。雖然這樣的制度在唐代已經出現，但是宋代取得進士的名額，卻是比以往朝代還要多出許多倍。

當一個讀書人獲得「賜進士」的稱呼，「賜」一個字表示封賞的意思，皇帝在皇宮舉行宴會，讓掌握經典的知識份子感到禮遇榮耀，那是一種「身分的轉化」的儀式。典禮之後，通過科舉考試的讀書人有種獲得的新生的感覺。

就如同每次看電影新的英雄誕生那種熱血感覺，經過個別的訓練讓英雄得到特別的能力。其次，通過科舉考試的新人，往往會成為宰相集團等高級官員，作為選擇女婿的對象，透過慧眼識英雄的方式，利用婚姻關係投資新科進士，強化彼此的關係，增加自己在政壇上的穩定影響力。

最後宋代的科舉制度就像磁鐵漩渦般，這套制度不斷強化宋代國家的認同，將地方有實力的家族吸收到國家體制，協助皇帝管理政治。當這場遊戲讓人能夠獲得一定的利益時，國家向心力強；當這套制度凋零時，百姓看不到機會，國家政權就搖搖欲墜。

身為遊戲的管理者皇帝，它是一場遊戲的王，是楷模，成為一個標準就不能三心二意，自由的轉換跑道。當然那個時代並沒有今日「自由」的概念，但身不由己的感覺卻是千古亦同的，那是一種認為自己沒有選擇餘地的「選擇」。

所以這時候讀孔子所說的「任重而道遠」這恰好說明皇帝這個身分，責任很重大但是一旦扛上了這樣的責任，除非死亡或是精神失常，甚至即使是半生不死也要在官僚群體的共管之下，共同把這場遊戲玩完。

對於現代嚮往自由的人來說，皇帝它是個魅影，它就好像是對個人的枷鎖！

可嘆的是，皇帝又代表著一種強人政治的夢，當一個時代的喪鐘響起時，眾人心中的魅影就出現了，想要一個強而有力的權威者能夠立即改變現狀，他要能夠溝通上天，無論是祈雨還是要求大好一片藍天，眾人期盼神蹟的幻想是實際存在的，眾人盲目追求底下皇帝的魅影陰魂不散，在各個時代裡創造出另外一種變形的樣貌。

第伍章

清代是皇權獨裁的極致？

黃麗君

雍正年間，因爲奏摺制度的實施與軍機處的創建，皇帝事無巨細地掌握臣工言動，被歷史學者視爲中國歷史上皇權獨裁的顚峰。這套在康熙、雍正年間奠定下來的政治運作模式雖在十八世紀逐漸發展成熟，但皇帝實際上很難以個人的意志運作整個國家機器，仍必須仰賴官僚們的協作方能貫徹。然而，官僚體制本身就是一種「制君」的力量。雖然十九世紀以後軍機處與奏摺制度仍舊存在，但皇帝的個人意志卻逐漸隱沒於官僚體制的運作之下，已非盛清的「獨裁」型態可比，由此揭示清朝中期以降統治格局的重大變革。

盛清設置軍機處和密摺制度來加強皇權

關於清朝的統治型態，過去研究者多視雍正皇帝爲中國歷史上專制獨裁統治的極致。宮崎市定的《雍正帝》即指出：「自努爾哈赤建立政權以來，清朝的政體多處於『封建制』，亦即宗室諸王擁有兵權與政制決策權，對統治掣肘甚大。因此清初的君王在繼位之後，莫不致力於削弱諸侯勢力。至雍正皇帝時，利用奏摺制度將統治權成功地集中在君王手中，皇帝任使官僚來統治人民，官僚朋黨類聚的現象受到控制，清朝正式從異族統治的政權轉向『中國式的獨裁君主制』。」[1]

宮崎市定的觀點影響深遠。政治思想史學者大谷敏夫也認爲康熙、雍正朝是「近世獨裁君主政體的確定期，即君主獨裁機構在這一時期的軍事、財政、行政各方面都得到完善充實，清朝皇帝在名實上俱可稱爲獨裁君主。」而且，清代「從中央到地方都得到整頓，君主獨裁群力的行使達到顛峰。其基礎在於吏治、用人、理財的調整。」[2]對於雍正帝研究頗深的楊啟樵也持同樣的看法，指出「雍正朝是清朝君主政體的鞏固時期，也是中國獨裁政權臻達頂峰時期。」[3]

上述論點並非日本學者所獨有，錢穆在《國史大綱》探討清朝的政體時也論及：「清代

1 宮崎市定，孫曉瑩譯，《雍正帝》（北京：社會科學文獻出版社，二〇一六年），頁一七〇—一八〇。
2 大谷敏夫，〈清代的政治與政治思想史〉，收入森正夫等主編，《明清時代史的基本問題》（北京：商務印書館，二〇一三年），頁二九一—二九五。
3 楊啟樵，《雍正帝及其密摺制度研究》（上海：上海古籍出版社，二〇〇三年），頁一。

政制，沿明代不設宰相，以大學士理國政，以便君主獨裁。」但若只談清承明制，似乎無法說明清代的「獨裁」特色，更沒辦法解釋爲何清代會出現「君尊臣卑，一切較明代尤遠甚」[4]的情況。因此，錢穆另在《歷代中國政治得失》指出：「雍正朝時內閣之外又添軍機處作爲皇帝的私人祕書班子，協助君王處理祕密奏摺。」在相關體制的輔佐下，「雍正皇帝是有名能專制的。……我們現在看他的硃批上諭，就可以看出清代皇帝是如何般統治中國的。在當時，全國各地地方長官一切活動他都知道，大概全國各地，都有他私派的特務人員。因此許多人的私生活，連家人父子親戚的瑣碎事，都瞞不過他。一切奏章，他都詳細批。他雖精明，同時是獨裁，但他有他的精力，他有他的聰明，中外事，無論大小，旁人還不知道。他已經知道了。」[5]

而有趣的是，錢穆言及雍正皇帝養了一幫特務的說法，也在民間繪聲繪影地流傳著。在稗官野史或影劇作品裡，雍正皇帝被形塑成一位會使用血滴子的武功高手，養著一幫綠林俠客辦事當差，即便深坐宮中，卻能夠周知天下事。而雍正豢養一批俠客探子的說法並非只存在於野史，清代官場也有類似的傳聞。趙翼在《簷曝雜記》說過一個故事：「雍正中，王雲錦殿撰元日早朝後歸邸舍，與數友作葉子戲。已數局矣，忽失一葉，局不成，遂罷而飲。偶一日入朝，上問以元日何事，具以實對。上嘉其無隱，出袖中一葉與之曰：『俾爾終局。』則即前所失也。當時邏察如此。雲錦孫日杏語余云。」[6]雍正皇帝「邏察」臣工之嚴，即便在家裡的私人消遣，也逃不過皇帝的法眼，消失的牌葉才會落入皇帝的手中，彷彿呼應「綠林俠客」一說。但事實上，馮爾康教授已經指出，雍正皇帝的武功連乃父康熙皇帝都不如，只是經過稗官小說和民間傳說的形塑，武功高強卻似乎成為雍正帝的另外一個鮮活形象。[7]

(1)密奏制度的意義

雍正皇帝為什麼會有其他皇帝所未有的形象？歷史學者為什麼將他統治下的清朝視為獨

4　錢穆，《國史大綱》，收入《民國叢書》第一編（上海：上海書店，一九八九年），頁五九九。
5　錢穆，《中國歷代政治得失》（臺北：三民書局，一九九九年），頁一七二。
6　趙翼，《簷曝雜記》（北京：中華書局，一九八二年），卷二，〈王雲錦〉，頁四十三。
7　馮爾康，《雍正傳》（臺北：臺灣商務印書館，二〇〇三年），頁六三七。

裁的極致？無論是錢穆或宮崎市定，都不約而同地指出奏摺制度的重要性。而清代的奏摺體制爲何有此功能？必須話說從頭，從清代公文體制的演變談起。

清承明制，官員奏聞乃以「公題私奏」的原則上呈給君王，亦即：以題本奏報公事，奏本呈報私事。但無論是題本和奏本，臣工遞奏之後，都必須經由通政司轉送內閣，再由大學士撰寫票籤，以供欽定。[8]從程序上來看，題奏本章提交之後，必須經過許多單位處理，耗時頗久，行政效率不高。加上奏疏本章經過諸多官員處理寓目，早無祕密可言。在體制的掣肘下，君王大多依循大學士所擬票籤裁定事務，難以將個人意志延伸於政務之上，這是明清文書制度不利於皇帝集權的重要因素。

但在康熙朝中期，出現奏摺制度，皇帝對於事務的裁定與集權開始掌握更多的空間。與題奏本章不同的是，奏摺原爲皇帝與大臣之間的私人書信，早年可以使用奏摺跟皇帝聯絡者，大多是皇子、包衣、地方督撫或者是親信重臣。因此，康熙年間擁有具奏權的官員只是少數人的特權，格式也非常的隨意，不拘一體，體現出奏摺文書的非正式性。例如王鴻緒的密繕小摺，長八公分，寬四公分，尺寸就比一般奏摺都來得小，顯得與眾不同。[9]

在國家文書體制中，由於奏摺並非國家正式公文，不經通政司、內閣等處理程序，可以直達御前，沒有內容外洩的問題，成爲君王掌握第一手消息的重要管道。無論是康熙或雍正皇帝，對奏摺內容的保密度也要求甚高，多次要求官員必須親自書寫，不可假手他人，[10]官員自然也不得在題奏本章或其他場合洩漏奏摺內容。若是遇到正式經辦的事務，皇帝甚至會要求大臣另外具題，再走一次行政程序，以符合國家體制的運作規則，[11]這些面向均呈現出清初奏摺與題奏文書體制上的差異。

誠如宮崎市定與錢穆的觀點，奏摺的祕密性質成爲皇帝集權統治的最佳工具。康熙或雍正皇帝經常利用奏摺與官員聯繫，詢問各地雨水糧價、臣工居官表現，或與皇子、官員聯絡感情，甚至允許大臣風聞入奏，以使官員互相糾察。「故中外之事，不能欺隱，諸王文武大

8 莊吉發，《故宮檔案述要》（臺北：國立故宮博物院，一九八三年），頁十。
9 莊吉發，《清朝奏摺制度》（北京：故宮出版社，二〇一六年），頁六十。
10 莊吉發，《清朝奏摺制度》，頁九十二、一〇七—一〇八。
11 陳捷先，〈康熙朝奏摺與硃批研究〉，《清史雜筆》第一輯（臺北：學海出版社，一九七七年），頁一一二。

臣等知有密奏，莫測其所言何事，各知警懼修省，奏摺制度有裨於國計民生甚鉅。」[12]

雍正朝以後，臣工使用奏摺的範疇進一步放寬。「內而九卿翰詹科道及八旗等官，外則督撫將軍提鎮及司道副參等」，甚至退休官員也能奏摺言事。具奏權的擴大，使得皇帝的消息來源更加多元，得有「收明目達聰，公聽並觀之」的效果。[13]因此稗官野史中提到雍正皇帝能夠「邏察」常人家中瑣事，並非因爲他身懷絕世武功，而是得益於臣工奏摺的情報作用。透過密奏制度，皇帝雖然端坐紫禁城中，全國各地的消息卻握於掌心，只需重複比對不同具奏人的報告，皇帝便可瞭解誰的報告避重就輕，誰的說法所言不實。是以臣工作爲，君王無不洞悉，即錢穆與宮崎市定認爲雍正皇帝得以集權獨裁的關鍵因素。

奏摺雖然有動聽言事的作用，但君王若不夠勤政，也無法將其政治效用發揮到極致。因此清初皇帝的獨裁關鍵，在於勤於批答奏摺。而且考慮到奏摺內容既然是祕密，無法交由臣工或太監處理，只能由皇帝獨自應對。康熙皇帝就曾經因爲右手無法批示奏摺，只能改用左手批答。雍正皇帝也常批摺到半夜，而且字數動輒數十、數百至數千言。[14]根據學者的統計，雍正皇帝在位十三年，至少批過奏摺二萬二千餘件，題奏本大概十九萬餘件。每天要處理的密奏至少二、三十件，最多時高達五、六十件。[15]繁重的工作量可想而知。但清朝並不是每一個皇帝都像雍正那樣精力過人，隨著乾隆朝以後，奏摺制度走向正式公開化，擁有具奏權的官員範圍更廣，全國事無巨細的報告無疑加重皇帝的行政負擔，加上君王很難以個人思慮顧及全部的政務，在統治理性的原則下，不得不仰賴祕書班子處理政務，此即軍機處在十八世紀走上政治舞台的契機。

(2)軍機處的功能

雍正年間，為了辦理對準噶爾作戰的各種準備，清廷設置軍需房，後來改稱為軍機房，

12 莊吉發，〈清世宗與奏摺制度的發展〉，《清史論集（五）》（臺北：文史哲出版社，二〇〇〇年），頁三十一。

13 莊吉發，〈清世宗與奏摺制度的發展〉，頁三十四。

14 莊吉發，《故宮檔案述要》，頁十六。

15 楊啟樵，《雍正帝及其密摺制度研究》，頁十六—十七。但這些數字只是一個基數，實際情況可能遠超出這些數量。

再改爲軍機處。此時軍機處雖已設立，但職能單一，理事仍以軍務爲主，雖然偶有承旨議事，也非常態，並無錢穆所說的獨裁統治效果。

但至乾隆朝以後，軍機處的職權進一步擴張，舉凡軍事、財政、工務、考試、外交、司法與各類行政事務，無所不包，軍機處的地位已與前朝大不相同。《清史稿》有云：「厥後軍國大計，罔不總攬。自雍、乾後百八十年，威命所寄，不於內閣而於軍機處，蓋隱然執政之府矣。」[16]在乾隆以後，軍機處逐步取代內閣，成爲協助皇帝處理奏章政令的核心機構，自此本章雖然仍交內閣處理，但內容多爲例行公事，更無「機要」價値。乾隆中期在內閣辦事的程晉芳就觀察到：「方乾隆之初，歲批奏二千餘道。迄今三十餘年，四章奏章之事，輒以摺代本，達之軍機，直由內閣者少矣。……旁觀者謂密勿重務，咸在軍機，內閣秉成例而行。」[17]換言之，內閣的權力在皇權的影響下，已爲軍機處侵奪。郭成康指出此一轉變的意義不容小覷，意味著「皇帝直接控制以軍機處爲中樞的國家政權機器，標誌著君主專制已發展到了顚峰。通行近兩千年的『君相制』及其遺存形式『皇帝—內閣制』自此宣告結束。中國古代政治史從十八世紀翻開了極端專制的新一頁。」[18]。

雖然軍機處在乾隆以後逐步取代內閣職能，但在十八世紀時，軍機處並非政府的正式官僚組織。這從當時的軍機處只有印信、直廬，無官署，《會典》也無相關條目等特色即可窺知。[19]此外，軍機處的人事型態也隨皇帝處理政務的需求而調整，與外朝官僚體制不同。軍機處科層組織簡單，只有軍機大臣、軍機章京之別。軍機大臣無定員，一般在六至八人左右，實際人數則依需求而增減。例如在乾隆十三年至十五年的金川戰役中，軍機大臣一度增加至十二人，其中就有四人被派至前線指揮作戰，或在外地進行調查，不在內廷辦事。[20]此外，軍機大臣並非本職，而是兼銜，由皇帝特簡六部堂官中值得信賴、政治可靠的人於軍機處「行走」，藉由這種人事任命，皇帝可以進一步控制外朝事務；軍機大臣在外朝的公務

16 趙爾巽等撰，《清史稿》（臺北：鼎文書局，一九八一年），卷一七六，頁六二三九。
17 程晉芳，〈奏摺批答舉要〉，賀長齡主編，《皇朝經世文編》（上海：廣百宋齋校印，一八九一年），卷十四，頁九。
18 郭成康，《十八世紀的中國政治》（臺北：昭明出版社，二〇〇一年），頁二〇六。
19 郭成康，《十八世紀的中國政治》，頁二〇九。
20 白彬菊，董建中譯，《君主與大臣：清中期的軍機處（一七二三—一八二〇年）》（北京：中國人民大學出版社，二〇一七年），頁二〇一。

資源，也成爲他們在內廷處理政務的優勢。[21]再者，軍機章京多由軍機大臣直接推薦，因此十八世紀常見軍機大臣直接提拔家族子弟、門生或親屬出任的情況。例如：張廷玉就曾拔擢過張若靄，鄂爾泰也擢任過鄂容安。[22]十八世紀軍機處的官員並沒有正式的任命原則，人事裁擇的彈性反映出君王如何延伸其個人意志，驅策任使官僚辦事。皇帝可以拔擢他們，也可以罷黜他們，無須考慮到人事銓選規則，這種彈性正說明十八世紀軍機處的非正式性，爲皇權專制獨裁的表現。

然而，乾隆朝軍機處運作模式的成熟化，也促使奏摺制度登上正式的政治舞台，已非康雍年間的非正式文書可言。由於軍機處官員必須協助君王處理機要政務，乾隆年間的奏摺批答模式也與前朝大不相同。一般而言，約在凌晨三點至五點，軍機大臣和章京就必須入直「接摺」：從太監處接到皇帝批閱過的奏摺，交由軍機大臣翻看內容。軍機大臣必須在皇帝用完早膳後，將奏摺中未經硃批者，捧入「見面」，與皇帝直接商討政務。有時是皇帝單獨會見大臣，有時則是軍機大臣共同入見。在皇帝面授旨意之後，軍機大臣的下一步工作爲「述旨」，亦即將皇帝的諭旨擬稿呈核。皇帝若對軍機處所擬諭旨有意見，親筆訂正，稱爲「過硃」。軍機處所擬的上諭若得到皇帝的允許而發出，又依照內容的機密性，分成明發上諭與寄信上諭兩種。明發上諭是交內閣抄發，多為可公開之諭令；寄信上諭又稱為廷寄，即「凡機事慮漏泄不便發抄者」[23]，由軍機處將皇帝的意見逕自寄回具奏者。此外，軍機處處理過的奏摺會鈔錄一份副本存檔，即是後來我們所見到的軍機錄副奏摺。[24]

但從上述的流程可以注意到，皇帝將奏摺交由軍機處處理之後，奏摺的祕密性質已經消失，不僅是皇帝，軍機大臣、章京均有可能接觸到原摺，得知官員所奏的內容，甚至可以掌握皇帝的處理想法。雖然政務的保密性還可以寄信上諭的形式維持，但更大程度是仰賴軍機處官員的個人操守。大抵而言，早年在軍機處當差的官員都頗有自覺，軍機大臣與章京大多可以做到不與外吏相接。例如張廷玉隆寵正盛時，「門無竿牘，餽禮有過百金者輒卻之。」

21 白彬菊，《君主與大臣》，頁二一六—二二四。

22 白彬菊，《君主與大臣》，頁二四二—二四三。

23 梁章鉅，《樞垣記略》（北京：中華書局，一九八四年），卷二十一，〈雜記一〉，頁二二六。

24 傅宗懋，《清代軍機處組織及職掌之研究》（臺北：嘉新水泥公司文化基金會，一九六七年）；郭成康，《十八世紀的中國政治》，頁二一一—二一三。

此外，我們也很難從張的著作或年譜中，得知他在軍機處工作的實際情況。訥親「其人雖苛刻而門庭峻絕，無有能干以私者。」趙翼親自與傅恆一起工作過，注意到傅恆「頗和易近情矣，然外吏莫能登其門，督撫皆平交，不恃爲奧援也。」[25]不過，上述的情況在嘉慶朝以後卻發生變化。嘉慶五年時，皇帝一度整頓過軍機處，雖覺「整肅嚴飭」，但在不久後，就發生「軍機處臺階上下窗外廊邊，擁擠多人，藉回事畫稿爲名，探聽消息。摺稿未達於宮庭，新聞早傳於街市，廣爲談說，信口批評」[26]的情況。自此，在軍機處行走的官員如何維持政務的保密性？一直都是十九世紀清王朝統治的難題。[27]

其次，皇帝在處理官員報告的過程，必須與軍機處官員「見面」，與康雍年間皇帝獨自批答的型態也不一樣。乾隆皇帝十分重視與軍機大臣的討論，傅恆成爲軍機大臣的首揆時，乾隆皇帝不只是早上召見他，連晚膳批覽過內閣本章，「有所商榷」時，也會再找傅恆商量，稱爲「晚面」。[28]在此前提下，皇帝的權威與意見無疑受到軍機處官員的影響，很難完全的「乾綱獨斷」。事實上，乾隆皇帝也很明白，皇帝以一人治天下，重要政策即便出自聖裁，但難免有思慮不及，或個人知識體系不夠完備的情況。因此軍機大臣在與皇帝探討政務之外，也必須針對意見歧異的政策進行研究，提出建議方案，以供備採。此外，他們也得以溫和的方式糾正皇帝的錯誤決定，以免造成無法挽回的後果。[29]但關鍵的問題在於：皇帝仰賴官僚機構來協理國事的情況下，皇帝的權力還有多少專制獨裁的空間？

乾隆皇帝對於官僚體制對其皇權意志的掣肘，一直抱持著警惕的立場。孔飛力探討過乾隆三十三年的叫魂案，指出這場從江浙一路蔓延至山東、直隸的剪辮子案，實際上是官員們在乾隆皇帝的嚴旨要求下，對各地嫌犯嚴刑逼供的結果。但這個案件折射出來的問題在於：官員雖然遵循皇帝的指示辦事，卻形成一套自我保護機制。他們更關心的是如何迎合皇帝，逃避責任，並降低各種風險。雖然朝廷有例行的考評制度來衡量官員的任職表現，但乾隆皇帝顯然認為只仰賴既有的考課制度是遠遠不足的。因此，叫魂案提供乾隆皇帝整飭官員一個

25 梁章鉅，《樞垣記略》，卷二十七，〈雜記一〉，頁三二九。
26 梁章鉅，《樞垣記略》，卷十四，〈規制二〉，頁一四七。
27 白彬菊，《君王與大臣》，頁二九八—二九九。
28 梁章鉅，《樞垣記略》，卷二十七，〈雜記一〉，頁三二八。
29 白彬菊，《君王與大臣》，頁二三〇—二三一。

很好的藉口，他嚴斥官員，強化官員與他的個人連結，避免官僚走向「常規化」，可以為其所用，成為延伸皇帝的個人意志的重要載體。孔飛力在叫魂案所欲揭示的是皇權與官僚體制彼此角力的過程，故其在中譯本序言即指出，透過叫魂案的研究。我們應該思考的問題是：「專制權力如何凌駕於法律之上而不是受法律的限制；官僚機制如何試圖透過操縱通訊體系來控制最高統治者；最高統治者如何試圖擺脫這種控制。」30

十九世紀官僚選任常規化，皇權不復獨裁專制

到了十九世紀，奏摺體制與軍機處仍然存在，但清王朝官僚體制「常規化」的情況卻越加明顯，皇帝的專制與獨裁已隨之褪色。以軍機處爲例，嘉慶皇帝繼位後的改革方案，讓軍機處與外朝的官僚體系愈加趨同，「非正式性」的色彩也隨之銳減。例如：嘉慶朝《大清會典》首次收錄「軍機處」相關條目，意味著該單位公開成爲國家官僚體制的一環。軍機處官員的人數在此時也被固定下來，而皇帝任免軍機大臣時，更多的是考慮到他們的出身與資歷，擁有科舉功名的人數取得優勢，但他們也容易犯下輕微的錯誤而遭到議處。此外，軍機大臣拔擢家族子弟爲軍機章京的作法遭到禁止，改由部院大臣推薦人選，後來又以考試進行甄別，最後才由軍機大臣從中舉薦。雖然新的選任模式看似規範化，但皇帝大多遵循軍機大臣的推薦名單而任免軍機章京，從人事裁擇的過程中，我們逐漸看不到皇帝個人意志的運作

30 孔飛力，《叫魂：一七六八年中國妖術大恐慌》（上海：上海三聯書店，二〇〇二年），頁一。

空間。[31]

軍機處並不是個案，十九世紀以後清朝的諸多官僚衙門都出現類似的趨勢。另外一個與皇權休戚相關的內務府，是處理皇帝生活起居最直接的機構。十八世紀內務府的堂官——總管內務府大臣的選任模式與十九世紀差異也甚大。乾隆朝以前的皇帝，喜歡任用侍衛、乳母、后妃家族的外戚，或是與皇室關係親密的顯貴重臣來爲他管理家務。這些人常年行走御前，熟知皇帝的喜好與習性，與皇室擁有高度親密的私人連結。盛清君王任用內務府總管的人事模式，與杉山清彥描繪的清帝國統治原則十分符合：以皇帝爲權力中心，依照時間與空間爲基礎的等差關係。而在這層關係中，屬於皇帝家內奴僕的包衣與皇權關係的緊密程度，則是無庸置疑。然而，在十九世紀之後，內務府堂官的選任型態也同樣出現定制化的趨勢：擁有科舉功名、文官（筆帖式、堂郎中）資歷者逐漸取代了侍衛、外戚等與皇權親密的群體。從這個變化可以注意到，清初皇帝選擇他的管家時，重視彼此之間的親密連結與信任關係。但嘉慶朝以後，皇帝更看重官員的資格、出身與任官資歷。[32]

官僚選任定制化的現象不僅出現在王朝的內廷機構，即便是在十九世紀的邊疆，也出現類似的現象。在清代的中央官僚體制中，蒙古旗人一直是理藩院官員的重要構成群體。他們對於蒙古、滿洲語的熟練，加上藏傳佛教的信仰，經常被派任至蒙藏等藩部地區出任將軍、參贊大臣等職。盛清君王在裁擇外派藩部官員時，會交錯考慮到他們的家世、背景、履歷、經驗，以及在軍事上的成果。十八世紀末至十九世紀上半葉，先後擔任過駐藏大臣、伊犁將軍或理藩院尚書的松筠，就是一個極具代表性的蒙古旗人。但在十九世紀下半葉，類似松筠這樣出身的實務官僚卻逐漸消失，科舉也同樣成為蒙古旗人仕途的重要經歷。[33]換言之，官員個人的資歷對其仕途發展的比重增加，君王的選任考量走向單一化。

無論是管理藩部邊疆的蒙古旗人群體，或是身居內廷統治核心的軍機處、內務府，在十九世紀同樣出現官員選任常規化的現象，說明這極有可能是官僚體制在清代中期以後的共相。但在這個趨勢背後，我們必須思考的是皇權與官僚人事體制之間的關係。

31 白彬菊，《君主與大臣》，頁二九四—三一一。

32 黃麗君，〈皇帝及其包衣奴才：論清代皇權與內務府官僚體制〉（臺北：國立臺灣大學歷史系博士論文，二〇一四年）。

33 村上信明，《清朝の蒙古旗人：その実像と帝国統治における役割》（東京都：風響社，二〇〇七年）。

清初的君王內心一直很明白，掌握官僚任命的人事權，向來爲皇權專制獨裁的具體表現。雍正皇帝就曾經說過：「用人乃人君之專政，但如循資論俸，則權移於下人，君無用人之柄矣。」[34]乾隆皇帝也指出：「皇祖、皇考以來，一切用人聽言，大權從無旁假。即左右親信大臣，亦未有能榮辱人，能生死人者。」[35]雍正皇帝深知若「循資論俸」來任使官員，則有皇權下移的危險。乾隆皇帝也明白，才會在禪讓皇位之後，仍堅持「凡遇軍國大事及用人行政諸大端，豈能置之不問，仍當躬親指教。」[36]點明指出官僚的人事權是太上皇必須連同行政權一同抓緊的權力。但到了嘉慶朝以後，皇帝卻認爲：「國家用人，才行與年勞並重，本無偏廢資格之理。凡遇開列請簡各員，朕豈能偏識其人？自不得不按其資俸，量加擢用。」[37]在這段話中，嘉慶皇帝指出「豈能偏識其人」是君王掌握官僚人事選任的最大困難，因此「循資論俸」成爲一套比較合理的用人標準。可以注意到，嘉慶皇帝的這套觀點，無疑與盛清君王是非常不同的作法。

十九世紀以後的皇帝重視官員的資歷與任官經驗，不再宸衷自裁，顯示出皇權專制獨裁程度的退縮。在中國歷史上，不少內廷衙門都曾出現外朝化的現象，歷史學者多以皇權極致發展來詮釋這個情況。最具體的例子即是明代的內閣：原爲皇帝祕書的內閣大學士，因爲協理奏稿文牘，藉由皇權的擴張而形成國家的正式機構。但清代的軍機處與內務府兩個內廷機構在十九世紀的常規化與制度化，卻出現皇權內縮的截然不同結果：皇帝選擇依賴體制，依循個人意志的比例逐漸降低。盛清君王專制獨裁的嬗變，呈現出清代中葉以後不同於前代的統治格局。雖然在國家的體制上，清朝的皇帝仍握有官員人事的最高選擇權。但十九世紀以後的君王大多尊重規章辦事，皇帝「用人聽言」的權力早已「權移下人」，前述軍機章京的選任模式即是一例。

長久以來，嘉慶朝多被視爲清朝「中衰」的開始，皇權限縮與國家中衰似乎令人聯想「互爲因果」，或解釋成嘉慶以降君王的無能，識見不如父祖。但我們必須思考的是，回歸

34 中國第一歷史檔案館編，《上諭內閣》，《雍正朝漢文諭旨匯編》，冊六（桂林：廣西師範大學出版社，一九九九年），頁三五一，雍正四年十月十六日。

35《大清高宗純皇帝實錄》，卷三一三，頁三三四，乾隆十三年八月辛亥條。

36《大清高宗純皇帝實錄》，卷一四八六，頁八六〇，乾隆六十年九月辛亥條。

37《大清仁宗睿皇帝實錄》，卷九十二，頁二二三，嘉慶六年十二月乙卯條。

到體制未嘗不是統治理性的表現。畢竟皇帝擁有至高無上的權力，但君心難測，難以捉摸。官員若單純只是揣摩著皇帝心意辦事，叫魂案裡的冤獄可能會不斷重演。相反地，國家政治若是回歸到常規體制之下，至少有脈絡可循，官員的辦事方針具有可預測性，則合乎官僚體制的理性運作。因此，我們或許可以另從統治理性的角度來考慮，爲什麼在十九世紀之後，皇帝選擇另外一種形態來實施統治？

嘉慶皇帝提及「偏識其人」的困難，或許是一個重要的原因。清帝國經歷十八世紀的盛世發展，到十九世紀初官僚體制已經十分成熟完整。皇帝可以沿用既有的制度，即可達到預期的行政效率，而無須如康熙、雍正皇帝那樣透過體制外的管道，方能伸張個人意志。而在另一方面，盛清時期的人口增長卻是一個不分核心或邊緣的共通現象，即便是可供任使的官僚候選群體也不例外。尤其在十九世紀以後，清朝多次大開捐納，擁有入仕資格的候選官員數量大幅增長。在官僚體制架構固定，員缺彈性空間減少，官員候缺人數卻逐漸增多的情況下，清帝國下的每一個官僚組織均面臨到「人浮於缺」的困難。此時皇帝如果頻繁地任由個人意志來任命，顯得不切實際也不夠合理。職是之故，回歸到官僚體制的運作規則下才銓選官員，反而符合制度的可預測性，是一個合理的作法。

其次，乾隆末年和珅的濫權是皇權獨裁統治下的另一反面案例。嘉慶皇帝在親政以後，面臨到一個政治上的抉擇：他可以像乃父一樣擁有至高無上的權力，但若所託非人，就會再度出現如同和珅一樣的權臣，而且除了皇帝以外，無人可以加以制衡。因此，嘉慶皇帝選擇改革軍機處與內務府，強化外朝的力量來制衡內廷權力與制度的擴張，並取消了乾隆朝盛行已久的「議罪銀」制度，目的就是讓政府回歸正常的體制運作。[38]所謂的議罪銀，就是官員在犯下過失之後，繳交一筆款項，向皇帝「自行議罪」，以贖罪愆，得到豁免。議罪銀與清律中的「納贖」或「罰俸」等規定精神不同。「罰俸」所罰的是官員的法定薪資，款項最後由戶部查收。但議罪銀則是官員所自行議交，金額無定數，款項是流向內務府屬於皇帝所私有，留下相關紀錄的單位則是軍機處。雖然議罪銀在和珅崛起前就已經存在，但在和珅長期管理軍機處與內務府的情況下，議罪銀制度逐漸完整，辦理細則更爲清楚具體。嘉慶皇帝親

38 Wensheng Wang, *White Lotus Rebels and South China Pirates: Crisis and Reform in the Qing Empire*(Cambridge: Harvard University Press, 2014), pp.165-166.

政後，取消議罪銀制度，改革並限縮軍機處與內務府的職權。表面上像是反對和珅，實則是不認同乃父皇權凌駕於體制之上的作爲，也是避免再度出現如同和珅一樣的官員，因爲執行皇帝的個人意志讓政府走向失控。

十九世紀以後官僚選任的常規化也是一種「文官化」的趨勢，比起十八世紀官員的多元出身，嘉慶朝以後的皇帝偏好任用具有科舉功名的官員，原因之一，也與皇帝個人的人事喜好有關。時人就觀察到，「宣宗最重科目」[39]。甚至技術官僚如河道總督的選任，道光皇帝也傾向任用正途出身的官員。道光朝常任東河、南河總督有十六人（不含兼署半年以下者），擁有進士資格者有十一人，一人爲拔貢生，一人爲舉人，兩人爲捐納出身，一人爲工部主事司官出身。從數據上來看，道光朝正途出身的河道總督比例高達八成，是有異於其他朝代的現象。清代自雍正朝開始，利用「河工學習制度」培養水利官僚，許多清初的河道總督都是由這套體系出身，彼此亦有師承關係。透過學習制度，皇帝可以拔擢更有實務歷練的官員成爲河臣，他們在上任之後，也有能力應付工程技術上的專業問題。但道光皇帝多從進士官僚中擢任河道總督，河臣的工程技術背景不足，即便如經世官員林則徐、吳邦慶等人甫受任命，即以「不諳河務」請辭，此即水利官員培養任用模式在清代前後期的差異結果，也是道光年間河政走上敗壞的人事結構因素。

不過，十九世紀以後皇帝之所以重視官員的功名與資歷，也與科舉制度的逐步開放，擁有相關資格的官員人數增加有關。尤其是位於統治核心的旗人官員群體，相關趨勢更爲明顯。在清代的體制中，旗人向以披甲當差爲本務，原不鶩力科舉。清初的皇帝甚至擔憂旗人從事科舉考試，容易荒廢武備，禁令頗多，考試也時罷時舉。但到嘉慶朝以後，因爲八旗生計困難，挑差不易，閒散人口增加。這些無法挑差的旗人又不能從商、務農，形成大批的閒置人口，也迫使皇帝不得不開放相關禁令，讓旗人在國家制度允許的範圍內，得有更多自主發展的空間。因此在十九世紀以後，君王的干預減少，宗室旗人與駐防旗人漸次擁有參與考試的資格。擁有科舉功名的候選官員人數因而增加，尤其是位於統治核心的旗人群體，成爲清代官僚體制逐漸「文官化」的另一背景因素。

十九世紀清帝國官僚體制的常規化、文官化，雖使皇權獨裁專制的程度相對限縮，但在

39　陳其元，《庸閒齋筆記》（北京：中華書局，一九八九年），卷一，頁八。

建立一套清楚、規範化的行政流程，對於國家政務運行未嘗不是一件好事。尤其是在同治朝以後，清帝爲幼主即位，政柄握於兩宮太后之手，是清朝皇權又一次的重大變革。然而，在祺祥政變以前，兩宮太后可以說是毫無行政經驗的政治素人。她們的教育程度、知識不僅無法比擬接受嚴格皇家教育體制的皇子，甚至遠不及部院堂官或者是軍機處官員。因此她們在掌握權柄之初，該怎麼閱讀、批示臣工奏摺？與官員應對問政？甚至是執行皇權的人事命令，擇任適合的官員？可以想見的是，朝中若無一套規範化的流程，將會是一場災難。然而，十九世紀清帝國體制的常規化，得使不諳政務的兩宮太后可以迅速地上手政務，將清帝國從敗亡的邊緣拉回來，甚至創造出「中興」的政局，顯示出體制運作的可預測性，實爲「統治理性」的呈現。換言之，晚清皇權雖然限縮於官僚體制之下，但遺留下的正面政治遺產，恐怕是嘉慶、道光皇帝當初選擇走上制度化時，始料未及的情況。

官僚制度是一股制君的力量

明清與中國歷史上其他朝代最大的不同，在於明太祖廢相之後，形成皇帝乾綱獨斷之政體。清承明制，雖然延續明代的內閣與本章制度，但在康熙朝以降，皇帝又另施行密奏制度，用以廣收耳目，探聽臣工居官表現。因而政務凡無巨細，盡爲君王所掌握。雍正、乾隆朝以後，密奏制度被進一步推廣，甚至走向公開化，逐漸取代題奏本章的功能。軍機處亦在此時建置成熟，協助皇帝處理奏摺，以備諮詢，增添行政效率，成爲清代皇權專制獨裁的制度基礎。盛清君主無論實施密奏制度或創置軍機處，均是在官僚制度常規之外的作爲，爲皇權意志凌駕於國家體制之上的體現。

「君權」和代表著官僚體制的「相權」之間的互動，一向爲研究中國傳統政治制度的議題。余英時就曾指出，君權是一種絕對的（absolute）、最後（ultimate）的權力；但相權則是延伸自皇帝的孿生（derivative）權力。雖然皇權一直高於相權，但不管皇帝再怎樣權集一人，處理政務也無法面面俱到，仍必須仰賴官僚體制的協助。因此，官僚制度變成爲一股

「制君」的力量，與皇帝形成彼此依存卻又對立的關係。[40]

盛清君王十分明白官僚體制對他們權力的制約，因此無論是密奏制度或軍機處，都是他們努力繞過官僚體制，貫徹其統治意志。乾隆皇帝甚至警醒地注意到官僚體制的「自我保護機制」，透過叫魂案，皇帝打破了某些制度常規，是皇權亟欲驅使、控制官僚體制的一種手段。

到了十九世紀，雖然密奏制度、軍機處等衙門仍舊存在。但皇帝卻更依賴既有的制度規章來進行統治，個人的意志逐漸隱微於官僚體制之下。從官僚人事權的變化，更可突顯出十八、十九世紀的差異。相較之下，盛清君主對於官員的任命有很大彈性，多元地考慮到官員的出身背景。但人事彈性也呈現制度的非正式性，體現出皇帝個人意志凌駕於體制之上的現象。但在十九世紀之後，清王朝的官僚體制卻出現「文官化」的趨勢，無論是與皇權統治最為核心的軍機處、內務府等衙門，或是遠在邊陲的將軍、大臣，甚至是河道總督這類地方上的技術官僚，擁有科舉功名的官員群體開始成為主流，選任模式也更加常規化。雖然皇帝表面上仍擁有官員的最終任命權，但幾乎很少行使，以致於「權移下人」，部院堂官成為官僚體制的主事者。皇帝不復乾綱獨斷，為清代中期統治格局的一大變化。

十九世紀皇權統治性質的變化與一般認為清朝的「中衰」同時，這兩件事是否互為因果？很難直接斷定。皇權不復獨裁專制，讓國家更遵循體制運作，實乃君王經過深思熟慮後的選擇，也更符合統治理性的原則。嘉慶皇帝改革軍機處與內務府，就是避免再度出現和珅這樣憑藉著皇權寵信而破壞體制的人。而清帝國經過一百多年的發展，無論疆域、政治、社會、人口或經濟的發展都更為複雜。皇帝即便親裁政務，卻也難以面面俱到，憑藉發展完整的官僚體制，遵循常規的制度運作，讓事務的裁擇與發展更具可預測性，是一種更為成熟的政治表現。至同治朝以後，君主多幼齡即位，太后垂簾柄政。清朝皇帝的培養模式與權力結構都與前代不同，但經歷咸豐朝內憂外患的重大挑戰，清朝的政治秩序仍舊可以恢復，十九世紀初官僚化的改革趨勢無疑承啟十分關鍵的作用。

40　余英時，〈「君尊臣卑」下的君權與相權——反智論與中國傳統政治餘論〉，《歷史與思想》（臺北：聯經出版社，一九八七年），頁五十。

第陸章

被放棄的皇帝：清末民初知識分子的思考與選擇

韓承樺

一九八七年上映的《末代皇帝》，講述中國最後一位皇帝溥儀的生命故事。電影開始沒多久，觀眾就可以看到，年幼的溥儀被慈禧宣詔入宮。這位對宮廷感到好奇、陌生，四處碰摸、打探的孩子，守在太后身旁，聽著這位自稱「老佛爺」的女人，對他說明「皇宮」長什麼模樣，「皇帝」是怎麼樣的一個人。拖著衰老身體的慈禧，話說久時即發咳嗽，以致呼吸不順，時常中斷談話。一旁的溥儀，稚嫩臉龐上時而緊蹙的眉頭，彷彿對於眼前的一切與自己的未來，感到些許好奇、緊張。這一幕，慈禧和溥儀的年齡、身體，形成相當明顯的對比。在下個鏡頭就離世的慈禧，宛如當時步步走向衰亡的清帝國；這位年幼的皇位繼任者溥儀，舉手投足間的稚嫩與無措感，就如那個還未成形的新「國家」，尚未尋得順當之理路，破繭而出。[1]當時年僅三歲的溥儀，還不知道，「皇帝」即將成為他此生唯一會做的事情，那在中國人心中是世界運轉的核心，卻也是傳統中國邁向現代國家進程中，唯一必須得拋棄的包袱。

「皇帝」的離去，可謂是晚清革命、改革運動最重要的成果。不同於西方社會是宗教與皇權相對，劃分為「神」與「世俗」二元世界並行的狀況。傳統中國是以皇權為主軸，形構成的單一世界觀。皇帝正為傳統中國維繫「國家—社會—人民」的樞紐，從中央推及至社會、經濟、民族、思想文化與日常生活等方面，結成以皇權為國家核心的政治制度。誠如楊念群描述，這個中心樞紐的散失，宛若一串玉珠子的線被抽出來，珠子灑落一地般，很難黏繫回原樣。[2]就像梁漱溟曾說過，在「醇正中國人」看來「這大的國家竟可沒皇帝，竟可不要皇帝，這是何等怪事！」[3]此種秩序維持和運作模式的消逝，對一般民眾心理影響，確實

1 《末代皇帝》（*The Last Empire*）是一部中國、義大利和英國合作拍攝，描寫溥儀一生經歷的傳記電影。該片的義大利籍導演貝托魯奇（Bernardo Bertolucci, 1941-2018）甫於二〇一八年十一月底逝世。《末代皇帝》的拍攝，意味著中國政府於八十年代採行積極向外開放政策，方始允許外籍導演、劇組進入紫禁城開拍電影。而擁有共產黨員身分的貝托魯奇，恰是最合適的人選。只是，這部在國際影壇獲獎無數的影片，包括一九八七年奧斯卡金像獎九項獎座，在中國上映後卻未引起同樣的風潮。總的來說，《末代皇帝》展現的中國異象是中、西視角相錯之圖像。貝托魯奇在《末代皇帝》裡尋找他理想的中國社會，而中國政府則希望透過電影將自己往世界推銷。葉郎，〈貝托魯奇去了哪一個中國？《末代皇帝》與相信勞動改造的國度〉，《端傳媒》，二〇一八年十二月一日。（網址：https://theinitium.com/article/20181201-culture-bertoluccirip/，讀取時間：二〇一八年十二月三日）。

2 楊念群，《皇帝的影子有多長》（桂林：廣西師範大學出版社，二〇一六年），頁一五四。

3 梁漱溟，《東西文化及其哲學》（北京：商務印書館，一九九九年），頁四十二。

巨大。時人對此，態度各異，惟應以褒意居多。一九六〇年的中美學術合作會議，時任中央研究院院長的胡適以「中國之傳統與將來」爲題做開幕演講，提到「帝制」的廢除，是不值得惋惜哀悼的「文化的自然犧牲」。因爲，就清末時期的歷史場景而言，「皇帝也非得走開不可」。[4]

皇帝眞的非走不可嗎？生長在自由民主社會的我們，自然會認爲「皇帝」就是個不合時宜的制度。但面對歷史問題，實不能以倒放電影的方式，由當前的脈絡，逆推在不同的時空場景下，人們所思所想的內容和意義，要回到歷史場景才是首要之務。而更可爲這問題加上魯迅式提問：「皇帝走後怎樣？」[5]合而觀之，兩個問題，牽涉了帝制存廢，以及廢除後引發政治、社會、思想文化等關聯性變動的複雜情況。二十世紀前後，中國從對外衝突、內部動亂走向王朝覆滅，反映的是政治體制遭致質疑且被徹底否定。與象徵進步、文明和現代化的西方國家相比，皇帝制度的存續，顯示出國家機器的老舊，急需汰換。而多方提出修整策略、藍圖，甚至試圖推翻帝制的知識分子，其日夜苦思，驅使傳統政體能跟上內外挑戰的舉措，則顯得蒼白、無力。中國政治制度的現代轉型，是一段長時期的劇烈變動。自知識分子接觸到西方國家，就開啟了這場政治思辨和實踐的漫長旅程。從革命洪流和立憲聲浪的競爭、創建共和政府，至洪憲帝制、張勳復辟等事件。甚至，國共兩黨的鬥爭，以及中共建政後，歷經毛澤東、鄧小平、江澤民到今日的習近平。舉凡政治革命的發動、制度改革的嘗試、體制調整和替換以及領導人的更替，這些變動幾乎是在回應這個議題：「皇帝走後，什麼樣的政治體制，可以永久替代，甚至是取代古老帝國？」[6]

顯然，皇帝離開所留下的權力眞空，任何接續塡補的體系或制度，都還在尋找最適切的運作模式。二〇一八年三月，習近平通過廢除國家正副主席的任期限制。此舉引起世界政壇關切。各國網民戲稱習近平此舉仿似要回到傳統中國的「皇帝制度」。一位國家領導人的權

4 Hu Shih, "The Chinese Tradition and the Future." *Sino-American Conference on Intellectual Cooperation, Report and Proceedings* (University of Washington, 1960), p. 20. 胡適講、徐高阮譯，〈中國之傳統與將來〉，《大陸雜誌》，第二十八卷第六期（一九六四年三月），頁一八一。

5 此處是借魯迅於一九二〇年代發表的〈娜拉走後怎樣〉一文標題爲用。

6 這問題來自柯偉林的這篇文章。William Kirby（柯偉林），〈辛亥革命與中國的共和世紀〉，周言編，《未完成的革命》（臺北：新銳文創，二〇一二年），頁一三八。

力不設限，且任期毫無限制，這確實很像帝制時代。

習近平此舉，是我們重省「皇帝」之於傳統帝國政治體系的契機。這包括三個層面的問題。首先爲事實的部分。描寫舊有體制面貌，包括制度設計的內容，以及各式規劃所透露的思想特點，與其映顯的歷史環境之特色。再者，中國傳統政治體制和現代性交織的問題。這特指十九、二十世紀之交，中國與域外世界相遇而觸發知識分子思考中、西政治制度孰爲優劣的現象。此種心態透露，中國的「傳統」與「現代」和「文明」相遇後可能產生的不適應、矛盾，甚至衝突。第三，從前兩個問題推衍出，中國、臺灣乃至於華人地區，對於從西方傳入的現代政治方案，譬如對民主共和的期待與想像的問題。

本章不是要提出「民主無用論」，或是要稱揚專制、集權時代會更好。只是，爲什麼清末民初的知識分子與一般大眾會視「民主」與「共和」爲解救中國的靈丹妙藥？特別當「民主政治」僅僅是現代西方政治方案中一個「比較不差」的選項，而非最爲無暇的選擇。人們對於民主政治迎來之秩序的烏托邦想像，究竟隱含了何種思想特點，是否延續至今日。這些議題，均值得我們藉著回顧歷史發展之線索，來摸索未來應循的方向。

清末民初的中國社會，「皇帝」從不可缺漏的核心，轉爲落後給其他政治選項，成爲應該被放棄的選擇。這段發展過程，是各種政治方案的競爭，更代表了傳統中國與西方現代性的交織互動。讓我們回到清王朝最後十年，追索知識分子關於政治問題與制度的多樣想法，以及行動背後，存在何種思想模式與特點。而更重要的是，這些已成歷史的片段，是否有延續至當代社會的可能。

專制皇權與其他可能：政體抉擇的複雜問題

知識分子走入這個攸關政治體系的思想市場中，迎向眼前的是「帝制皇權」、「君主立憲」、「民主共和」三種選項。顯然，相對於以皇權為主體的政治形式，後兩種選項於社會上所發之聲量，強了許多。

關於這三種選項的描寫、評估以及選擇，凸顯一個關鍵課題：「我們該選擇何種政治體制，來維持且引導這個龐大的古老帝國度過當前危難？」這既屬歷史研究的議題，也是當代華人乃至於全世界十分關注的問題——「中國該往何處去？」

思想市場的成形，意味著政治制度修改、變革的難題，逐漸浮上公眾輿論的空間。這並不單是中國國內因素影響所致，政體抉擇「問題化」現象，更反映近代中國邁向國際社會的歷程。於是，從域外湧入五花八門的消息、資訊或知識，都成為坊間書肆愈常得見的方物。這個被國內、外多方人士齊心打造的知識環境，一面提供多元的政體選項，另方面則建構一個特定且相對形象的選擇，任其受各方知識人的議論，甚或攻訐。

這個受益國際因素，在外來知識澆灌下成長的思想市場，從名詞術語、概念，到由其勾勒的整套政治行為、實踐模式，絕大部分都是傳統知識人未曾接觸過的。譬如，我們現在熟知的「民主」、「共和」、「憲法」、「議會」、「總統」這些屬於現代政治制度的詞彙，一個個從時人未曾認識、熟讀、拼寫的英文字詞，通過翻譯轉為漢字詞彙，傳入中土語境。這趟西方語彙、概念和思想的旅行，旅程僕僕，充滿各方知識和權力的競爭與角逐。像「總統」一詞，就是透過淘汰「伯理璽天德」此種暫時性音譯詞確立。7

只是，詞彙不僅是指涉、描摹現實世界樣態的符號，更是蘊含著人類行為、思想多層次的意義。彼時出現的新式政治詞彙，指明一套以其核心概念所衍發構築成的行動模式，彰顯各種政治實踐能顯透的多元價值。簡言之，隨著西方政治制度新名詞來到中國的，實是一套攸關「政治所謂何事」的思想知識與實踐方案。這雖不謂是具備邏輯次序的完整知識體系，但其內部多元、拼接甚至相衝突的特性，反倒賦予晚清民國時際的政治討論，最豐厚的養分。由域外世界提供的思想資源，含括統治者的角色及功能；執政者與人民間的份際和劃

7 潘光哲，〈一個消失的「新名詞」：「伯理璽天德」〉，《東亞觀念史集刊》，第二期（二〇一二年六月），頁九十三—一三〇。

界；統治權力的來源、運作方式或界線；政治實踐者得依傍的信念或原則幾個面向，讓知識分子在想像一種新型態的政治世界時，有所依憑。

多元知識的堆疊層積，呈現在讀書人眼前，就宛若一個栩栩可見的「知識倉庫」。「倉庫」供予材料，使思想市場獲累多樣「政體知識」（political regimes），擴充其原有的知識空間。[8]這個政體類型「知識倉庫」的成型，約略發源於一八四〇年中期。[9]政治資訊、知識的多方擴充，實是隨晚近讀書人開拓原有地理空間的認知和概念所成。換言之，這股地理發現的熱潮，即爲士人重新認識世界各國形貌、環境、人文和歷史的契機。譬如魏源（一七九四—一八五六年）在《海國圖志》最後一個擴編版本中稱其爲「直可擴萬古之心胸」[10]的《新釋地理備考全書》，就在考察國家地理形勢之際，介紹各類政治體制的特色。「歐羅巴中所有諸國，政治紛繁，各從其度。有或國王自爲專主者，有或國主與群臣共議者，有或無國君，惟立冢宰執政者。」[11]這段話呈現三種政治體系運作模式，一爲由國王自行主政；二則國王與群臣組建共同商議的環境；第三是去除國君，僅設置宰相。這本《新釋地理備考全書》，是由葡萄牙人瑪吉士（Jose Martins Marquez, 1810-1867）撰作，廣東大儒陳澧（一八一〇—一八八二年）校訂得成；展現晚近中國知識人如何通過與國際知識界的交流往來，使知識倉庫內容得以拓展、豐裕。[12]

---

8 「知識倉庫」爲潘光哲老師創獲之學術詞彙與想法。筆者不敢掠美。請見：潘光哲，《晚清士人的西學閱讀史（一八三三—一八九八）》（臺北：中央研究院近代史研究所，二〇一四年），頁四十九—一二〇。

9 潘光哲，〈美國傳教士與西方政體類型知識「概念工程」在晚清中國的發展（一八六一—一八九六年）〉，《東亞觀念史集刊》，第一期（二〇一一年），頁一七九—二三〇。

10 魏源，〈海國圖志後敘〉，收入胡秋原主編，《近代中國對西方及列強認識資料彙編．第一輯（一八二一—一八六一年）第二分冊》（臺北：中央研究院近代史研究所，一九七二年），頁九七八。

11 瑪吉士，《新釋地理備考全書．海山仙館叢書》（清道光二十七年，番禺潘氏刊本，臺北中央研究院歷史語言研究所傅斯年圖書館藏），卷四，頁21b。

12 瑪吉士的身世背景，早前較少人掌握。直至一九八七年，經一批澳門學者考察方得一二。瑪吉士在澳門政府當翻譯官，許多中葡往來的文件多是由他翻譯。歷經官場生涯，晚年他潛心研究漢語，曾編刊有《音樂要素》和《中葡字典》，後書似未曾出版。其所編撰這部《新釋地理備考全書》，是他搜集大量外文資料，再以流暢的文言文撰作而成。被王錫祺（一八五五—一九一三年）輯入《小方壺齋輿地叢鈔》，亦成爲魏源《海國圖志》擴增版本的重要資源。學者指出，魏源最後一次增寫了二十萬字，有十二萬是來自《新釋地理備考全書》。請參見：譚志強，〈澳門與中國近代國際關係知識之引進〉，收入吳志良編，《東西方文化交流》（澳門：澳門基金會，一九九四年），頁一九〇。劉羨冰，《雙語精英與文化交流》（澳門：澳門基金會，一九九四年），頁四十二—四十三。

因爲知識倉庫出現，西方國家重要的政治人物和制度運作方式，也隨之被書報雜誌傳載。這些再現在傳播媒介上的歷史片段，具有鮮明的選擇性。中國讀者翻閱書報之際，映入眼簾的都是影響歐美國家發展走向的關鍵人物，以及國家機器的特點和優劣。例如，美國的華盛頓（George Washington, 1732-1799）、法國的拿破侖（Napoleone di Buonaparte, 1769-1822）、義大利的「建國三傑」，他們的生命故事，特別是與「國家創建」、「革命」相關的部分，逐漸成爲漢語讀者熟悉的章節。而擷取重點的介紹手法，讓讀者更像是拿著放大鏡檢視那些未曾過眼的西方文明。「上議院爲貴官爵紳會議之所，下議院爲庶民之有學術者公議之所。」[13]這是關於英國議院制度的粗略說明。簡短的文句，突顯出政治權力的分配與執權者在社會階層上的區別。更進一步，這段文字還可能賦予讀者一種印象，在英國不同身分地位的群眾，分別都握有相異的政治權力，可以涉入公共事務的討論。而被「上下」區隔的群眾團體，更可藉此分權機制在國會殿堂上相互抗衡。

又如更爲詳細的介紹，直接將域外萬國政治型態畫作「三等」。英國倫敦會傳教士慕維廉（William Muirhead, 1822-1900）和中國友人蔣敦復（一八〇八—一八六七年）合譯的《大英國志》，就有此說。書中談到三種政治世界：

天下萬國，政分三等：禮樂征伐自王者出，法令政刑，治賤不治貴。有國者，西語曰日伯臘，如中國、俄羅斯，及今法蘭西等國是也。以王者與民所選擇之人共爲政，君、民皆受治於法律之下。有國者，西語曰京，泰西諸國間有之，而英則歷代相承，俱從此號。又有無帝、無王，以百姓推立之一人主之，限以年數，新舊相代，西語曰伯勒格西敦，如今之合眾部是也。[14]

這段文字並未流露以上下等級來區別政體型態之意，僅做單純描述和介紹。第一種類型就指涉中國、俄國和法國，政令幾屬國君之手。其名之爲「日伯臘」，也就是英文語境中的

13 〈英國議院圖〉，《畫圖新報》，第三卷第八期（一八八二年），頁八十二—八十三。

14 慕維廉，〈凡例〉，《大英國志》（耶穌降世一千八百五十六年江蘇松江上海墨海書院刊本，一八五六年），頁1a-1b。《大英國志》是當時士人理解政體知識的基礎讀本，亦爲後繼者用以開創針對「政體」問題做各式探討，特別是攸關於政體選擇的難題。這部分的討論請參見：潘光哲，〈晚清中國士人與西方政體類型知識「概念工程」的創造與轉化：以蔣敦復與王韜爲中心〉，《新史學》，第二十二卷第三期（二〇一一年九月），頁一一三—一五九。

「Empire」。第二種則爲英國，特色是統治者與人民選擇的代表者得共同參與政治，且同受法律管轄。第三類「伯勒格西敦」，指的就是美國「president」，此種體制擁有「民選」機制，由百姓推立一人，管理國家。

人民對於政治的知識、資訊愈趨豐博，就也意味著政體抉擇的「問題化」逐漸浮現。一個成熟的思想市場，讀書人自當可悠游其中，擇其所感興味、好奇者，自由選取，無從受阻。到一八六〇年中期，中國知識分子已逐漸熟悉由「君主」、「民主」、「君民共主」爲描述用語所指涉的體制和代表國家。分別爲中國、美國與英國。譬如王韜（一八二八—一八九七年）撰作的兩部法國史書《普法戰紀》、《重訂法國志略》，皆曾述及相關議題。[15]在國家面對的環境愈趨嚴峻之際，多元政治選項的浮現，自然容易讓人民產生「做其他選擇」的想法。多數人會思考，各種來自西國的「善政」，究竟何者適合中國學習，甚至是整套搬移、挪用？民眾心裡對國家產生的疑惑，背後甚是埋藏一個嚴重的懷疑聲音：如果大清帝國不仿效西方國家的政體，還能在世界列強中立足，進而生存嗎？

對傳統的疑慮，映顯了晚清社會逐漸高漲、洶湧的民族主義情緒；只是，相錯糾結的心緒和想法，帶來的反倒是極爲嚴重的全盤自我否定的意識和舉措。這就涉及到政體抉擇「問題化」過程的另一面向：中國傳統政治的「專制」意象，隨之被建構完備，成為與西方理想政治體制極端對立的形象。就像以下兩幅登載於一九〇〇年前後的報刊媒體圖片所欲傳達的訊息：人民和國家的關係不能僅有對抗與壓迫。此時正值革命聲浪轉趨熾烈之際，社會、人民和國家機器間的衝突和矛盾，自然成為傳播媒體書寫、議論的焦點。上海《滬報》這張

15 王韜對域外資訊的引介及其和「政體知識」建構的關聯，請參見：潘光哲，〈晚清中國士人與西方政體類型知識「概念工程」的創造與轉化：以蔣敦復與王韜為中心〉，《新史學》，第二十二卷第三期（二〇一一年九月），頁一一三—一五九。

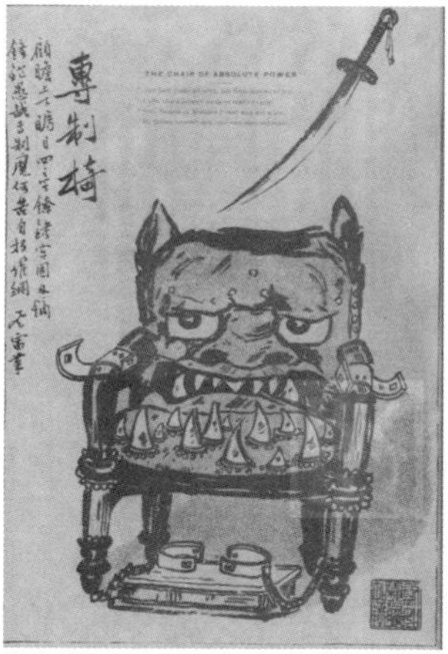

▲《真相畫報》，一九一二年

▲《滬報》，一九〇八年

圖，簡明地用「搗米」的動作，描繪專制政體之於人民，就是使其位處於一種毫無主動行使權力的位置，受制於政府機關。另一份由革命黨人士編輯，立場鮮明的《眞相畫報》，登載一幅名爲〈專制椅〉的諷刺畫。畫師描摹了一張傳統中式傢俱座椅，上頭設置各種束縛和傷害使用者的利刃、機關。可想而知，作者沒具象畫出的，就是曾經坐在布滿尖刺椅面上的人民。兩幅出版於辛亥革命前後的政治諷刺畫，勾勒出此際群眾的兩極心態。他們厭棄傳統中國的政治型態，那使人民毫無主動參與的權力，永遠僅是受制迫者；這觀念讓人民更爲企盼由西方輸入的新型態政治規則，共和、民主、議會、憲法，或是什麼能取代傳統政治的選項都好。

流行於現代社會的部分「傳統」，並非擁有久遠歷史，反而是在晚近時期才被發明生成的；且會迅速廣被接納，成爲社會普遍的觀念或價值，於日常生活中實踐。英國史家霍布斯邦（Eric Hobsbawm, 1917-2012）提出的「被發明的傳統」（invented tradition）論點，在思考中國「專制傳統」問題上，也有所啟發。[16]在我們普遍的歷史認知裡，「中國政治」與「專制」，兩者可以輕易劃上等號，甚至是不證自明。更重要的是，這個專制政治型態具備「可溯源」的特性。它賦予閱聽者建構此認知的歷史線索，特別是屬於中國早期歷史脈絡的細節。附加的歷史感和具備詳細史實之敘事，在在加深閱聽者關於「專制」印象的理解和肯定。

中國「專制傳統」的誕生，是一套含括詞彙、概念和歷史知識的再造工程，不同學術、政治立場的知識分子，都有參與。流播於西方至東亞間的思想資源，也助益其中。「專制」爲中國固有漢語詞彙，早於《左傳》就曾出現「專制其位」的用法。[17]其概念原意指人事與制度的設計，在控制和執行上，權力是單一集中的狀態。晚清以降，在西方—日本—中國三方跨語際互動中，透過中、日知識分子的生花妙筆，從日本引入大量的「和製漢語」，其中就有「專制」一詞。

傳統漢語觀念的現代轉化，即是指「專制」轉爲特指政治制度，蘊含西方政治概念「despotic」或「absolutism」的「新名詞」，形成在各色各樣「政體知識」中，黑暗、落後

16 霍布斯邦等著、陳思仁等譯，《被發明的傳統》（臺北：貓頭鷹出版社，二〇〇二年），頁十一—二十五。

17 《左傳》在〈昭公十九年〉中有這句話「若寡君之二三臣，其即世者，晉大夫而專制其位，是晉之縣鄙也，何國之爲。」句中的「專制」就是表示個人獨佔、控制此職位之意。「中國哲學書電子化計劃」（網址：https://ctext.org/zh，讀取時間：二〇一八年十二月四日）。

的君主專斷與獨裁類型的象徵符號。[18]

各式新名詞、概念，織結成一張「意義之網」，成爲時人觀看世界、理解自我的窗口。各樣的新思想、概念，仰賴坊間書肆的翻譯書籍、報紙、雙語字詞典鋪僎的傳播平台，在眾多譯者寫手協作下，借道日本進入中土。中國作爲接受方，在原有語彙基礎上，承繼了由日本輸入，以「專制」作爲由帝王治理國家型態的概念。彼時穿梭於此「知識倉庫」，急於披覽西學新知者，就得藉著如漢學家古城貞吉（一八六六－一九四九年）和康有爲（一八五八－一九二七年）、梁啟超師徒手寫的新聞時事翻譯與政論文章，以西方政治來認識且評估現世政治情勢，並能追索歷史源流以重構政史敘述。這樣一來，結合過去與現在的政治史敘事，中國知識人認識自我政治型態的觀念，方始逐漸完備。這是以「專制」爲中心形成的政治圖像，是貫串歷史與現實世界的。[19]當時，多數知識分子對「專制」和中國政治傳統的理解，仿似具備法國年鑑史家談「心態史」研究的「心靈裝備」（mental equipment），群體間蘊生一套共享共有的語言、詞彙（lexicon）、語法（syntax），以及認知系統（system of perception）和由此衍生之機敏的思想傾向（sensitive support of thought）。[20]

18 據劉禾對這些漢字新詞的研究、統計，「專制」即屬於「回歸式的書寫外來詞」，這意指「專制」是經歷原生漢語－明治日本語境－近代中國語境三種語言環境的影響，轉而成爲今天我們熟悉的詞彙、概念。劉禾著、宋偉杰等譯，《跨語際實踐：文學、民族文化與被譯介的現代性（中國，一九〇〇—一九三七年）》（北經：三聯書店，二〇〇二年），頁四〇六。

19 蔣凌楠，〈「專制」概念的接受與專制歷史譜系的初構〉，《史學理論與史學史學刊》，總第十三卷（二〇一五年），頁一五三—一七八。查索近代中文世界的英華字典，即可看到最早自一八四七年間，'despotic'就已出現在倫敦會傳教士麥都思（Walter Henry Medhurst, 1796-1857）編纂的《英華字典》（*Chinese and English Dictionary*），後漸有'absolutism'、'autocracy'等英文新詞陸續被編入後繼出版的字辭典。而「專制」與這些英文詞的翻譯對應關係，也約是於十九世紀後半至二十世紀前半逐漸確立。在顏惠慶（一八七七—一九五〇年）的《英華大辭典》，商務印書館出版的《英華新字典》，以及由德國人赫美玲（Karl Ernst Gerog Hemeling, 1878-1925）編纂，爲教育部核定辭典《官話》（*English-Chniese Dictionary of the Standard Chinese Spoken Language and Handbook of Translators*），都收載了'despotic'對應「專制」的翻譯關聯性。請參見，中央研究院近代史研究所，「《英華字典》資料庫」（http://mhdb.mh.sinica.edu.tw/dictionary/index.php），讀取時間：二〇一八年十一月十三日。

20 Roger Chartier, "Intellectual History or Sociocultural History? The French Trajectories," in Dominick LaCapra and Steven L. Kaplan edited, *Modern European Intellectual History: Reappraisals & New Perspectives* (New York: Cornell University Press, 1982), pp. 18-19.「心態史」（history of mentalities）在一九六〇年代，由法國年鑑學派人士領銜，試圖分析社會群眾、集體的語言、概念、情感、習慣等面向，蔚爲一時風潮。

近乎齊一的心態，訴說著中國政治制度是遠遠落後於西方國家，甚至是明治日本；這心態催生了一種聲音，認爲中國必須捨棄「政治傳統」，才能獲得新生。因此知識分子得藉由追索「專制」起源，援引西方進化理論，重新描寫並評估中國政治發展的歷史脈絡。而等在歷史演化終點處的，即是晚清知識人期盼的現代政治。於是，知識人爲解現世政治的頹勢，從歷史源流來拯救民族國家，似乎成爲唯一的解方。而源於現世的迫切需求，「專制政治」即成爲晚清中國在現實和歷史議題上共同的敵人。

文獻資料多處顯示，參與打造此集體認知和心態的知識人，均宣稱必須回到上古三代，甚至秦朝，尋找專制傳統的起源。首先，梁啟超從日本引進這個學術、政治術語。自一八九九年起，他陸續在《清議報》發表〈各國憲法異同論〉、〈孟德斯鳩之學說〉、〈立憲法議〉，用「專制」勾勒一個擁有無限權威的君主制度。一九〇二年，梁氏在《新民叢報》連載的〈中國專制政體進化史論〉，更是結合進化理論和西方政治，直指「專制」是中西政治世界必須掃除的「傳統」。[21]以國學思想爲政治言論的國粹派學人鄧實（一八七七—一九五一年），在〈論中國群治進退之大勢〉中訂定專制政體的起點是夏朝，至「暴秦」一代到達巔峰，成爲「純然專制政體的君主時代」，其行使各種控制人民的政策，映照出

「專制的焰熾如焱火矣。」[22]同年，劉師培（一八八四—一九一九年）和林獬（一八七四—一九二六年）合作撰寫的《中國民約精義》，向讀者展示法國啟蒙哲士盧梭（Jean-Jacques Rousseau, 1712-1778）的言論，對秦朝興起的「專制威燄」流毒，大肆抨擊，並循此來建構

21 「專制」概念的輸入，是混雜了知識、學術的好奇和政治運動的熱情與需求，致使其不單單成爲一個政治知識的新概念，亦成爲時人於現實世界的改革目標。梁啟超自爲晚清時期引介西方政治思潮的重要人士，與中國專制政治傳統的歷史敘事建構，關係密切。此處便不贅列史料資料，可參見甘懷真的簡要討論：甘懷真，〈皇帝制度是否爲專制？〉，收入氏著，《皇權、禮儀與經典詮釋：中國古代政治史研究》（臺北：臺灣大學出版中心，二〇〇四年），頁五三四—五三六。關於中國「君主專制」的政治傳統，錢穆的反駁最值得注意。其對古代中國政治理型的描寫和詮釋，散見於《國史大綱》（一九四〇年）、《文化與教育》（一九四二年）和《政學私言》（一九四五）此些著作。基本上，錢穆的「非專制論」強調，西方民主制度雖有助於解決中國困境，但也不得單純以域外制度來觀察和評估傳統中國的政治型態，唯有在銜接傳統文化的基礎上，才能協助新的政治體制和價值的建置及運作。這部分的討論請參見：閻鴻中，〈職分與制度：錢賓四與中國政治史研究〉，《臺大歷史學報》，第三十八期（二〇〇六年十二月），頁一〇五—一五八。

22 鄧實，〈論中國群治進退之大勢〉，收入鄧實輯《光緒壬寅政藝叢書》，《近代中國史料叢刊》續編，第二十七輯（臺北：文海出版社，一九七六年），總頁一一七。

中國人民集體意志、心緒和精神。[23]《中國民約精義》是這段政體知識史的最好例子。由西方思想界供予中國士子的資源、素材為主體，依憑其所創造出的各種言論，就像此書所示，將「專制傳統」和人民之「公意」並舉，形成最鮮明的對比意象。

傳統中國知識版塊在近代時期的大幅度斷裂和重整，促成政體類型學的出現，更造就蘊生新式政治論述、宣傳的暖床。從單純的知識引介到政體「問題化」乃至於引出價值評估和判斷的過程，這個攸關國家體制的「思想市場」儼然已完成一次分梳，某些貨物已被貼上固定的標籤。「中國專制政治發展已有兩千餘年」，似乎已成為當時知識人、社會大眾共享的認識。這讓以皇帝為核心運轉的傳統政治體制，在與民主共和與君主立憲的競爭中，很快敗下陣來。

皇帝該走或留：革命黨與保皇黨的競爭

象徵「專制」的君主制落敗後，思想市場僅剩民主共和與君主立憲；它們代表著兩股政治勢力、運動的競爭，孫中山與革命黨領導的國民革命，康有為、梁啟超與保皇黨人領導的立憲改革。究其實，兩方是方法、理論相異，最終目的卻極為相似的政治運動。雙方在政治轉型想法上的最大公約數，就是期盼一個具備憲法和由選舉產生國會組織的現代國家。兩派知識分子最嚴重的歧異，即在政治改革的步驟、階段看法的差異；而這更直接反映在「皇帝」去留的問題上。以結果言，「皇帝」的去除是「革命」成功的表徵。只是，辛亥革命的「成功」，並不是革命黨戰勝保皇黨人，而是適度說明兩股勢力在推翻帝制上，都起了不同程度的作用。互有競爭的政治言詞和論述，最終都轉換為從不同方向、層次，推倒清宮皇朝

23 劉師培、林獬合著；潘光哲注，《中國民約精義》（臺北：文景書局，二〇一四年）。

高牆的力量。24

革命與立憲兩股政治力量的競爭，在二十世紀前十年陷入較激烈的交鋒。整體而論，立憲的主張，不論是清政府或是康、梁領軍者，皆因「保皇」之聲，始終顯得稍落後於時代與眾人對「革命」的殷切期盼。起初，由清廷主導的「立憲」改革，就收到不小的批評聲音。一九〇〇年起，中央爲施行憲法派遣官員出國考察憲政體制。當清廷頒布《欽定憲法大綱》後，由于右任（一八七九－一九六四年）、汪彭年（一八七九－一九五七年）、楊毓麟（一八七二－一九一一年）等人創辦，革命色彩鮮明的《神州日報》，自七至十一月，登載了幾幅諷刺畫，指出由清廷、滿人主導憲政體制的缺陷與弊端。在下頁第一幅圖〈考察憲政之效果〉，以布衣平民爲主體的「國會請願者」就受到「考察憲政者」伸出的「擋箭牌」攔阻。圖畫中，作者還用文字突顯請願者與考察者，民眾和官員「上與下」的差異。這不只是社會階級的區別，更呈現呼求國會組織的平民，距離「立憲」的目標是相當遙遠。而社會大眾與頂層政治之間的顯著距離，更是呼求革命者極力屏除的界線。

非賴文字，這類政治諷刺圖不僅能標識人民和政治理想目標間的差距，更能示明中國窘迫的政治現狀。在第二幅圖〈考察憲政〉中，在一台可以觀看幻燈影片、圖像的機器前，坐著一位拖著辮子的清廷官員。透過這台先進的現代機械，映入它眼簾的正是各種西方世界的「衙門公所」。圖畫裡的官員，他更無法克制的自言，就算花了「十五萬銀子跑到歐洲」也無法清楚看見這些西方國家政治機關的現代奧妙。最後一張〈近世界

24 立憲派在辛亥革命過程中的角色與影響，請參閱張朋園先生的研究。張朋園，《立憲派與辛亥革命》（臺北：中央研究院近代史研究所，一九六九年）。

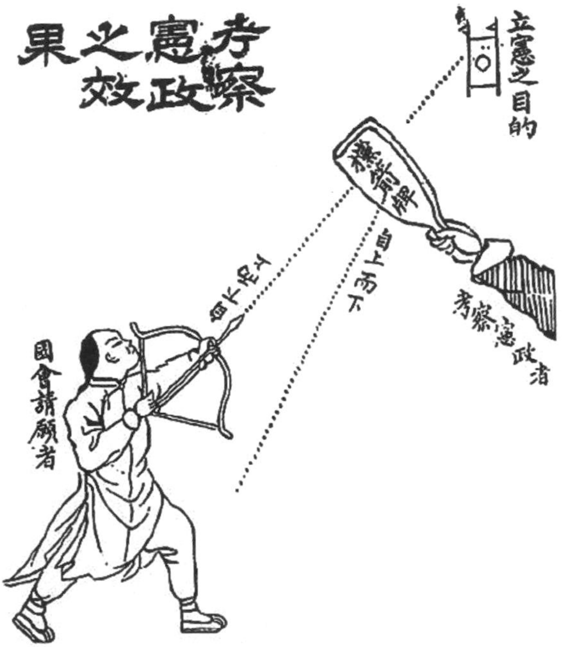

▲〈考察憲政之效果〉刊載於一九〇八年七月三日《神州日報》。

立憲國之現象〉，則是用生物演化的意象，呈現國際間的立憲競賽。日本和俄羅斯，是這場比賽的領頭羊，被畫爲兩隻蛻變的成熟飛蛾；旁邊的「土耳基」則是隻初破繭而出的蛾，這很可能意指鄂圖曼帝國於十九世紀首次設立憲法；另有埃及、摩洛哥、波斯幾國已結成蟲繭，靜待變化；最後一名就是還爲幼蟲模樣的中國，緩慢地朝目標蠕動、前行。清廷在設置憲法的步調上，如何落後於他國，這幅圖已十分清楚。革命陣營以嘲諷、滑稽的手

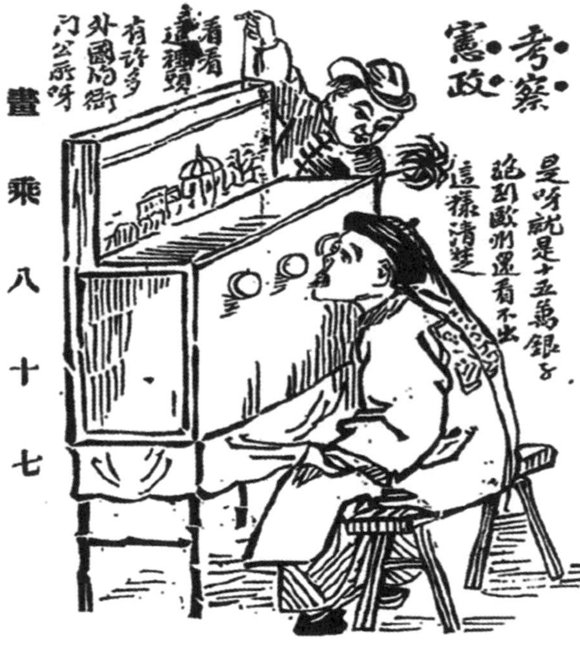

▲〈考察憲政〉刊載於一九○八年十月七日《神州日報》。

法，攻擊以立憲、保留皇權爲導向的政治改革。此種視覺化方式，或許能給予閱聽大眾更鮮明的意象：中國面臨的困境並不是由清政府主導的政治改革能解決。[25]

施行憲政引發的相關疑慮，各家

25 筆者感謝好友吳億偉惠示這三張圖片史料。讀者可進一步參閱他關於晚清政治漫畫的討論：I-Wei Wu, "Illustrating Humor: Political Cartoons on Late Qing Constitutionalism," in Tam King-fai and Sharon R. Wesoky eds, *Not Just a Laughing Matter: Interdisciplinary Approached to Political Humor in China* (Springer Verlag: Singapore, 2018), pp. 15-37.

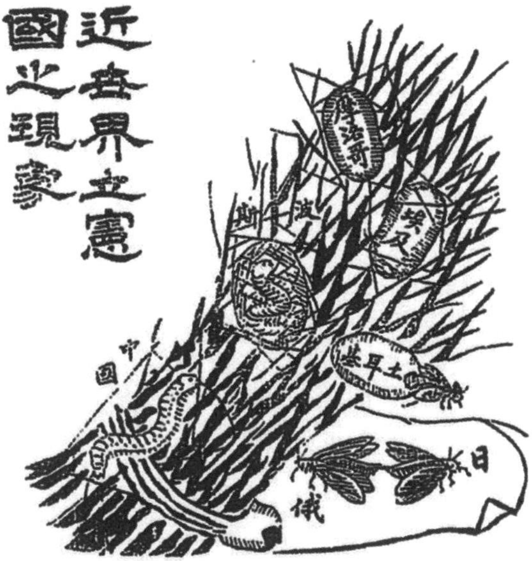

▲〈近世界立憲國之現象〉刊載於一九〇八年十一月二十八日《神州日報》。

報刊上的言詞譏諷顯得更是激烈。以革命與立憲兩派的機關報《民報》和《新民叢報》的論戰爲要。這場論爭，自一九〇五至一九〇八年十月，湯增璧（一八八一—一九四八年）在《民報》發表〈革命之心理〉一文爲止，這場論戰時間跨度雖短，觸及的議題範疇卻是多元且全面，涉入人士，皆爲當時言論、知識界的佼佼者。《民報》集結留日學界的革命精英如胡漢民（一八七九—一九三六年）、汪精衛（一八八三—一九四四年），亦有章太炎（一八六九—一九三六年）此等身負豐厚國學涵養的論才。《新民叢報》則是創辦人梁啟超，幾乎以一人之力，走筆百萬與這股龐大的革命聲浪抗衡。論辯環繞著民族、民權、民生三個範疇展開，交織相錯的言詞論述，顯示雙方對現代國家的整體構思，是循相異進路朝相似的終點邁進。革命和立憲保皇兩黨都肯定，國家內部的多元種族與民族構成認同歧異；政治權力得重新釐定界線，才能在民眾和各機構間達成平衡；至於社會經濟利益，則需經重新分配和創生。只是，兩派知識分子提出的革新手法，卻有十足的差異。這些論點分歧，鋪排爲晚清政治思想的光譜，譜線兩端，即爲呼籲保有君主的立憲政體，和以「公意」爲主體導向的民主共和兩種政治制度。

深究政治權力界線的問題，「皇帝」的去留，表面爲民主共和與君主立憲的衝突，實際上則反映雙方如何認識、理解並思考「政治轉型」這件事情。在思想史研究脈絡裡，就意指思想及認識論的特點。孫中山及其黨人，希望通過革命迅速達成民主憲政的階段。梁啟超則採漸進式步調，由專制轉入君主立憲，最後才施行共和。在與《民報》的論戰中，梁氏一篇〈開明專制論〉甚至指出，當前中國的狀態最適合「開明專制」，這是邁向君主立憲，最後臻至共和立憲的必經階段。過程中更不得以革命作爲任何改變政治現況的手段。[26]對革命祈嚮的翻轉，反映梁啟超思想特質及其如何受外界環境影響。[27]與傾向革命的知識分子相比，梁啟超較具有明顯的「幽暗意識」，這是一種比較保守、悲觀且肯定現狀的思考方式，注

26 梁啟超，〈開明專制論（續第七十四號）〉，《新民叢報》，第四年第三號，收入林志宏導讀，《革命的抉擇和挑戰：《民報》和《新民叢報》論戰選編》（臺北：文景書局，二〇一四年），頁八一九—八四七。

27 關於梁啟超的思想轉變、特質及其反應的意義，學界已有相當豐碩的成果，請參見以下幾本重要著作：張朋園，《梁啟超與清季革命》（臺北：中央研究院近代史研究所，二〇〇六年）；《梁啟超與民國革命》（臺北：中央研究院近代史研究所，二〇〇六年）。黃克武，《一個被放棄的選擇：梁啟超調適思想之研究》（臺北：中央研究院近代史研究所，一九九四年）。

意人性可能會做出敗壞政治環境的缺失。[28]梁氏以「新民」觀念發展出的政治構想即奠基於此。他認為中國的體質尚無法承接民主共和模式，特別是政治主體的人民，需要相當高的素質作為制度推行的基礎。此即梁氏反覆言之民德、民智與民力。這更成為晚清知識分子共通的語言和識見。「幽暗意識」讓梁啟超能體認人性黑暗面的必然性，也較注意現實的困難，以及群體生活無可避免的衝突、競爭與弊端。他並不會想像一個完美無缺陷的政治社會。相對的，孫中山關於人性的樂觀看法，就展現在對「大公無私」境界的期盼上。這必須要求社會中每一個群體都能超越一己之私才能達至。[29]這樣來看，革命與保皇黨人最嚴重的分歧，並非為其擁護的制度、體系，而是雙方對於人性和政治問題的目標之認識及思想模式。

交鋒的兩種思考模式，可從美國漢學家墨子刻（Thomas A. Metzger）提出的「轉化」（Transformative approach）與「調適」（Accommodative approach）來描述。[30]轉化式思想，就如革命黨人表現的，是高舉一套高遠理想，提倡全盤式改革，呼求一次性革新現實世界的方法；而這通常會激起群眾轉趨激烈的心態。這類思想其實遍見於近代中國的歷史。民國以降，為求思想文化整體渙新的五四啟蒙運動；以最徹底「社會革命」為號召興起的共產政權，更說明這種烏托邦思想確為引領現代中國歷史的發展走向。相對的，梁啟超及其暢言改革、立憲者，就表現出「調適」取向思想。這類思想模式，認爲改革必須緩進，且在現狀下作適度、局部調整，維持部分現狀，在不完美的世界中逐步前行。就如梁啓超和保皇黨人的想法，欲保留皇帝施行君主立憲。

爭論總有輸贏，選擇終會落定。辛亥革命的發生與後期政治發展，顯示人們已在「思想市場」中做了選擇。多數人無法接受保留「皇帝」的君主立憲，倒向民主共和。過去，我們對這段歷史的認知，採取倒放電影方式，由當下回望過去，容易認爲「民主」的成形是十分自然，爲必然走到的終點。然而，這段歷史敘事是有段複雜過程，有兩種甚至是多樣政治勢力的競爭。背後更有趨異的思想傾向，激烈轉化與漸進調適在推動人們思考問題、構畫目

28 「幽暗意識」是張灝先生的創見。張灝，〈幽暗意識與民主傳統〉，收入氏著，《幽暗意識與民主傳統》（臺北：聯經出版，二〇〇六年），頁三—三十二。

29 黃克武，《一個被放棄的選擇：梁啓超調適思想之研究》，頁一九〇—一九一。

30 「調適與轉化」的分析架構，請參考墨子刻的的著作：Thomas A. Metzger, *Escape form Predicament: Neo-Confucianism and China's Evolving Political Culture* (New York: Columbia University Press, 1973).

標，形成不同的政治選擇。回首辛亥革命，一篇〈辛亥革命之意義與十年雙十節之樂觀〉是梁啟超寫於革命後十年的紀念文章。此時的梁氏，從他的角度翻新「革命」的定義。他認爲，「當光緒、宣統之間，全國有知識有血性的人可算沒有一個不是革命黨，但主義雖然全同，手段卻有小小差異。」[31]質言之，梁啟超認知的「革命」，顯是不脫創造新國家。在他看來，革命與立憲保皇黨人聯手催生具憲法和國會的現代國家組織，而「皇帝」最後則成爲歷史不斷向前發展進程中，不得不捨棄的老舊制度。

皇帝的回歸：洪憲帝制與未完成的革命

過往歷史說辛亥革命是場成功的革命，現在部分人會改口，認爲這是一場「未完成的革命」。這揭露一個重要的課題：易代革命其實還未完成政治體制改革，它反倒是開啟一整個世紀，現代中國爲追求一種取代帝制之政治體系的長遠過程。[32]民國肇建後，舉凡如洪憲帝制、張勳復辟，其後的軍閥割據、南北政局分裂，乃至於一九四九年的國共對抗與隨之而來的變局，均反映知識分子、政治人物、社會大眾三方，都在尋求最適合中國的政治方案。

辛亥變局，雖將皇帝趕離紫禁城，惟從人民的觀點、感受來論，竟是感覺「皇帝」仍舊沒有離開他們日常生活。一九一七年，陳獨秀（一八七九—一九四二年）在北京神州學會演

31 梁啟超，〈辛亥革命之意義與十年雙十節之樂觀〉，《晨報副刊》，一九二一年十一月七日，第一版至第二版。

32 裴宜理（Elizabeth J. Perry）著、周言、邱婕譯，〈不確定的遺產〉，收入周言編，《未完成的革命》，頁八。

講，他指出一個值得注意的現象，原來「皇帝」還在：

一般社會應用的文字，也還仍舊是君主時代的惡習。城裡人家大門對聯，用「恩承北闕」、「皇恩浩蕩」字樣的，不在少處。鄉里人家廳堂上，照例貼一張「天地君親師」的紅紙條。講究的還有一座「天地君親師」的牌位。這腐舊思想布滿國中。所以我們要誠心鞏固共和國體，非將這班反對共和的倫理文學等等舊思想，完全洗刷得乾乾淨淨不可。[33]

▲〈昔專制今共和，新鬼大故鬼小〉刊載於一九一二年的《民權畫報》。

陳獨秀讓我們看到，新式共和國體雖已建立，但民間社會仍積澱著濃厚的「皇朝」思想、行爲習慣和價值系統。舊世界的色彩尚未褪去，人們張手迎來的新國，似也不甚理想。一九一二年的兩幅政治漫畫，都在講述這件事情：「共和」並未讓生活變得更好。附屬於《民權報》的《民權畫報》，登載一幅名爲〈昔專制今共和，新鬼大故鬼小〉的諷刺漫畫。圖畫裡，兩個身著現代西式軍服和清官朝服的「鬼」，爲共和與專制作了鮮明對比。又如題名，兩位「鬼」的身型大小，以及透過畫面呈現的遠近感，向讀者訴說著專制鬼已遠去，共和鬼才是今日的問題。深究《民權報》的立場，其畫筆下的共和鬼，應指袁世凱的北京政

33 陳獨秀，〈舊思想與國體問題〉，《新青年》，第三卷第三號，一九一七年五月一日，頁三。「天地君親師」的字樣，後有做此爲更改。就余英時的記述，他青年時期（一九三七—一九四五年）於潛山官莊鄉，每年正月初一看到的春聯，字樣已改爲「天地國親師」。余先生認爲，這或許是爲因應「皇帝」被「民國」取代所做的更改。這已經距離陳獨秀的記憶達二十年之久。可見，傳統的價值觀念轉換，確實是需要一段時間。余英時，〈中國現代價值觀念的變遷．附錄：「天地君親師」的起源〉，收入氏著，《知識人與中國文化的價值》（臺北：時報文化出版，二〇〇七年），頁一四三。

府。[34]另幅登載於主旨爲「討論民國之眞相」、「監督共和政治」的《眞相畫報》上，題爲〈國民之眞相〉的諷刺畫，則用「過去、現在、未來」階段進化的表述方式，呈現人民從蜷伏於專制體制下，進展爲多人得與政府相互競得、爭取權利，並期許未來終能達到權利和義務均平等的狀態。[35]顯然，兩幅諷刺漫畫都在講述，眾所期盼的，關於人民和政府在權利分配、行使之公平方式的「民國」，似乎未能如願體現。

洪憲帝制就是在這般場景中拉開帷幕，讓人們得以窺探，「皇帝」殘存於世的幾許身影。過去，這場運動多被視

▲〈國民之真相〉刊載於一九一二年的《真相畫報》。

爲保守且退步的鬧劇。參與其中的知識分子與袁世凱本人，都成爲反動、守舊的象徵。林毓生在《中國意識的危機》（*The Crisis of Chinese Consciousness: Radical Antitraditionalism in the May Fourth Era*）描述，袁世凱所做的，爲維護宗教和儒學傳統的祭天與祭孔儀典，及其後的帝制運動，都讓知識分子感受到整體性倒退。特別是皇帝制度與儒學傳統的結合，更是象徵著混含政治、社會、文化思想傳統的中國，活生生在面前復活。[36]這讓當時已經逐漸趨向新思想、文化世界的知識人，確實難以接受。誠然，知識分子的反對心態極爲複雜，並不能齊一視之。還有例子顯示，人們反對洪憲帝制是出於無法接受「非滿人」稱帝這件事情。山西一位舉人劉大鵬（一八五七—一九四二年）在日記裡提及夢到袁世凱稱帝，他被迫穿著朝服朝拜。這讓他感覺十分羞愧。然而劉大鵬並非抗拒帝制，他認爲漢人不該稱帝，理

34 〈昔專制今共和新鬼大故鬼小〉，《民權畫報》，一九一二年。
35 〈國民之眞相〉，《眞相畫報》，一九一二年。
36 Lin Yu-sheng, *The Crisis of Chinese Consciousness: Radical Antitraditionalism in the May Fourth Era* (Madison: University of Wisconsin, 1979), pp. 19-25.

應由宣統復辟。顯然，滿人作爲皇權象徵，在部分漢族心中仍具無可爭議的正統性。此見，皇帝在漢人心中的長辮子，似乎仍未隨著共和新國剪去。37

部分人對「君主」回歸的祈嚮，映顯共和初期的亂象。前舉的兩張畫報，說明國家機器似乎未如預期，然而，「人民素質」也是造成混亂的原因。這問題，早在梁啟超反對直接施行共和民主制度時就疾呼過。現在，這般言論反倒成爲袁世凱發動帝制的託辭。就像籌安會的倡議者楊度（一八七五—一九三一年），呈送給袁世凱的〈君憲救國論〉，後遂成爲袁氏稱帝爲君的藉口。這位留學日本的知識青年，早前就展露反對革命、支持君主立憲的政治主張。這般意見，於這篇談論「非立憲不足以救中國，非君主不足以成立憲」的文章，表露無遺。不過，值得注意的是，楊度還點出了人民素質之於共和政治的問題：

共和政治，必須多數人民有普通之常德常識，於是以人民爲主體，而所謂大總統行政官者，乃人民所付托以治公共事業之機關耳，今日舉甲，明日舉乙，皆無不可，所變者治國之政策耳，無所謂安危治亂問題也。中國程度何能言此？多數人民，不知共和爲何物，亦不知所謂法律以及自由平等諸說爲何義，驟與專制君主相離而入於共和，則以爲此後無人能制我者，我但任意行之可也，其梟傑者，則以爲人人可爲大總統，即我亦應享此權利，選舉不可得，則舉兵以爭之耳，二次革命其明證也。加以君主乍去，中央威信，遠不如前，遍地散沙，不可收拾。無論誰爲元首，欲求統一行政，國內治安，除用專制，別無他策。故共和伊始，凡昔日主張立憲者，無不反而主張專制。[38]

很明顯，楊度和梁啟超對「群眾素質」的見解相同。在楊度看來，共和政治需建築在良好素質人民的基礎上，方得無礙。共和初期，中國政治、社會紊亂所反映的是，剛擺脫專制統治的人民尚無所適從，爲政者亦不知悉制度運作之要，遂造成仿似人人皆可、諸人爭主的狀況。如此混亂的場面，難免促使民眾思索回歸君主專制時期，由單一權威主政來謀求國家統一。若作爲政治評論，這篇〈君憲救國論〉對共和政治的觀察，頗爲準確。民國初年的政

37 楊念群，《皇帝的影子有多長》，頁一五四—一五五。
38 楊度，〈君憲救國論上〉，《中華全國商會聯合會會報》，第二卷第十期（一九一五年），頁二一。

治亂象，揭示了當人民未受過完好政治制度、思想和觀念的訓練時，貿然採行以人民爲主的體制，恐會引導國家走入亂象。

但楊度與袁世凱顯然沒有明白，往前進的人民，除無法接受混亂的局面外，更難以忍受倒退。共和政治雖然糟糕，但少有人回頭拾起專制這個看似應被時代淘汰的選項。洪憲帝制失敗的原因眾多，其中要以梁啟超的聲言反對爲重。很多人會談到那篇深具影響力的文章〈異哉所謂國體論〉。此文特別強調，國家現在已經走入共和立憲體制，絕不可再輕易更替。在梁啟超看來，國家概分爲政治形式的「政體」（form of government），和作爲國家代表象徵的「國體」（form of state）。[39]辛亥革命象徵多數人選擇拋棄君主制度，改換「國體」走向以共和爲機制的憲法國家。如今若又貿然施行帝制，即是再次踏上革命的老路。究其實，衡諸梁啟超的思想特質，維持現實社會狀態的改革，方爲要途。辛亥過後，梁啟超就曾公開說過，「對於國體主維持現狀，對於政體則懸一理想以求必達。」[40]顯見，建設具備憲法的現代國家是梁氏最高遠的理想，而其該建構在共和抑或君主國體上，他則是以肯定現狀爲優先考量。

梁啟超對革命之於「現狀」的破壞，以及難以恢復的擔憂，在這篇討袁文字間，表露無遺。我們或可想像，撰寫〈異哉所謂國體問題者〉時，梁啟超的心情是複雜，且能對這些試圖規復君主國體者，表露同情的理解：

故鄙人自始不敢妄倡共和，至今仍不敢迷信共和，與公等有同情也。顧不敢如公等之悍然主張變更國體者，吾數年來懷抱一種不能明言之隱痛深慟，常覺自辛亥（宣統三年，一九一一年）壬子（一九一二年）之交鑄此一大錯，而中國前途之希望，所餘已復無幾。蓋既深感共和國體之難以圖存，又深感君主國體之難以規復，是用怵惕彷彿，憂傷憔悴，往往獨居深念，如發狂瘍。[41]

辛亥過後，梁啟超顯是陷入悲觀的情緒、氛圍中。他眼前的共和國家該如何存續、發

39 張朋園，《梁啟超與民國政治》，頁六十八—六十九。
40 梁啟超，〈鄙人對於言論界之過去及將來〉，《庸言》，第一號（一九一二年十二月一日），頁四。
41 梁啟超，〈異哉所謂國體問題者〉，《協和報》，第六卷第三期（一九一五年），頁十八。

展，他並不抱持希望。他坦陳自辛亥以降，他始終獨懷憂傷、沉慟心情。然而，他也深知中國經不起再一次革命，國體不得再經過任何更動。在梁氏調適思想裡，革命就是一種破壞現狀的極端改革手法，其就仿如韋伯（Max Weber，一八六四—一九二〇年）使用鐵道上「轉轍器」的譬喻，讓中國從辛亥之交就朝著無可復返的方向加速駛去。此見，梁啟超對於通過革命所迎來共和新政，是交織著懷疑、失望的心態。

一九一五年，部分知識分子與爲政者對「皇帝」的重新召喚，不能單純解釋爲「保守」、「退步」的思想表現；其更是反映辛亥革命的倉促及「不完全」。這裡談的「不完全」，是指革命事業未能如黨人想望的，以拔本塞源的方式完成政治改革和轉型工程。這種對「革命」的美好情懷與想像，更加深近代以來人們關於這段歷史的誤解，樹立一種以「革命」爲歷史發展導向的認識觀點。

近年，隨著反省「革命史觀」造成現代史單線敘述的問題，這段歷史的複雜面貌才漸爲明朗。[42]在「告別革命」呼聲中，研究者逐漸注意到，在標舉激烈革命和五四啟蒙的旗幟外，還有許多以往被擺在對立面，受忽略或貶抑的人物。他們的行爲實踐並不能單純被視爲反革命、五四的「文化保守主義」，例如梁啟超和提倡東西文化調和的杜亞泉（一八七三—

一九三三年），研究者應從另種啟蒙型態的歷史敘事來描寫、評估其人的價值與意義。43

譬如被捲入籌安會事件的學人嚴復（一八五四—一九二一年），就長期受革命史觀影響，被歸類於反革命、啟蒙的保守思想家。嚴復可謂是近代中國最重要的西學思想家，其譯介西方自由主義、社會學、政治學和進化思想的貢獻，幾因參與籌安會一事被抹煞。嚴復列位籌安會名單，並非全無來由。嚴復贊成君主立憲的政治立場，與梁啟超相近。在他與楊度

42 近代史界對袁世凱研究反省者，要以唐啟華最為重要。關於洪憲帝制，唐啟華近年也從外交史角度，重新剖析帝制不被他國承認而失敗的多重國際因素。唐啟華，《洪憲帝制外交》（北京：社會科學文獻出版社，二〇一七年）。

43 「革命」是二十世紀中國歷史的主題，而「告別革命」就應是二十一世紀中國歷史的主題，且為現在進行式。所謂「告別」即指「反省」以革命作為近代史主線造成的問題。包括視革命為必然、對中國歷史進程有益處的看法；以及革命造成激烈化發展，與毛澤東、毛主義興起的關連。可以這麼說，「告別革命」為研究者打開另一扇觀察近代中國歷史的窗口，藉此得以重新描寫與評估過往被置於革命對立面之人、事、物的歷史意義和價值。這部分可參見以下幾本著作：李澤厚、劉再復，《告別革命：回望二十世紀中國》（香港：天地圖書有限公司，一九九五年）；高力克，《調適的智慧：杜亞泉思想研究》（杭州：浙江人民出版社，一九九八年）。

商談過程中，一句「復言吾國之宜有君」，就將其意表露無遺。[44]資料顯示，嚴復其實是半推半就答允楊度的邀請。惟他僅以爲該組織是爲討論共和與君主制之「國體」問題，並不清楚這個團體將被用於袁世凱復辟之舉。[45]對於袁世凱，嚴復始終展現著一種猶疑的支持。袁氏初掌政權時，嚴復便曾擔任顧問爲其翻譯西歐新聞，供爲施政參考。[46]他衷心希望袁氏能以政治強人的姿態，引導國家改革。之所以仰賴強人主政，乃出於嚴復重視人民素質。他認爲當時國家還未能直接施行以群眾、民意爲基礎的政治型態。受累於帝制運動，後人對嚴復的評價，遂得出所謂「S型」倒退論，認爲其晚年退回保守保皇的立場。[47]事實上，嚴復和梁啟超兩人態度都反映溫和漸進的政治改革傾向；而這必須以民眾素質爲根基。在洪憲帝制時，嚴復曾對兒子嚴璩言及，他本就知悉「中國民智卑卑」，共和新國雖號爲民主，實際卻爲專制體制「陰行其中」；惟雖如此，袁氏復返帝制之行，卻還是不必要的舉措。[48]

晚清中國最耀眼的思想家——嚴復與梁啟超，對洪憲帝制分別展現消極、積極的抵制舉措。他們是極不願見到這場混亂。畢竟，在兩人心中，維持現狀的穩固，求取局部、微型的改革，爲中國現代轉型的適切辦法。政治強人欲通過帝制永久執掌國家，終歸失敗。其後的張勳復辟亦是如此。此見，人民從思想市場中做的選擇，不會與時更改、倒退。皇帝回歸的時間雖短，卻揭示辛亥革命這種突然革除政權核心的作法，對中國政治發展歷程，可能造成長時期或難以挽回的問題和困境。

44 王栻主編、嚴復，〈與熊純如書〉，《嚴復集》第三冊（北京：中華書局，一九八六年），頁六二七。

45 關於嚴復參與籌安會的問題，請參見皮後鋒的討論。皮後鋒，《嚴復大傳》（福州：福建人民出版社，二〇〇三年），頁四三〇—四四八。

46 黃克武，〈嚴復與居仁日覽〉，《臺灣師大歷史學報》，第三十九期（二〇〇八年六月），頁五十七—七十四。

47 周振甫，《嚴復思想述評》（臺北：臺灣中華書局，二〇一七年）。關於嚴復思想的研究和評價，可再參閱史華慈（Benjamin Schwartz, 1916-1999）的經典研究 *In Search of Wealth and Power: Yan Fu and the West* (Cambridge, Mass.: The Belknap Press of Harvard University Press, 1979[1964]). 以及黃克武試圖重新評估的研究《惟適之安：嚴復與近代中國的文化轉型》（臺北：聯經出版社，二〇一〇年）。

48 嚴璩，《侯官嚴先生年譜》，收入王栻主編，《嚴復集》第五冊（北京：中華書局，一九八六年），頁一一五一。

沒有皇帝的新制度：眾聲喧嘩的政治生活

「最難捉摸的新事物，就是沒有皇帝的新制度。」這是羅志田在《走進共和》末尾的一句話。他指出，知識人環繞著「新制度」，在政體、國體問題的想像、討論，之所以難以取捨是囿於兩個關聯的問題：第一，是否適合當時中國國情；第二，能否解決救亡和富強的難題。就羅志田對多部日記史料的觀察，諸人關於辛亥革命的「異見」，預言了民初政局的紛亂，不會亞於晚清中國。[49]這樣來看，革命並非政治轉型的終點，反倒釋放更多織結相錯的能量，擾亂二十世紀的中原大地。

這個由多種「選擇」錯綜交織成的思想市場，是在上述兩個問題的背景中生成。當時的知識分子必須思考，如何在維持中國存在的前提，改造其為具備憲政體制、國會、公民參與的現代性國家，得以維持國家內部權利、經濟利益、財政內需的協調、分配性與對外競爭力。[50]於是，多樣化的意見、看法，堆疊出幾種相對的政治選擇，成為人們擘劃國家未來的依據。前文是針對政治選項做的深刻描寫，最後要談的是促使人們做出相異抉擇的思想模式、特質和意義。也就是，如果有某種推動這個市場運作、循環的思想伏流，那會是什麼，這又反映晚近中國歷史環境的何種特色？我會以張灝關於「幽暗意識」和「聖王」觀念的討論爲基點，描寫彼時知識分子的思想特質，並評估這種思想模式之於當代中國乃至於臺灣的影響及意義。

張灝在《幽暗意識與民主傳統》提出關於傳統中國思想的幾點觀察，並循此說明中國與西方社會對政治議題的思考和實行的差異、原因。幽暗意識是西方世界自基督教「原罪」

49 羅志田，《走進共和：日記所見政權更替時期親歷者的心路歷程（一九一一—一九一二年）》（北京：北京師範大學出版社，二〇一六年），頁二八九—二九〇。

50 孔飛力在《中國現代國家的起源》所指出的，晚清中國內部關鍵的「根本性議程」／「建制議程」（constitutional agenda），涉及到政治參與如何擴大和國家權力合法性的協調、政治競爭和公共利益的協調、國家財政需求與地方社會的協調這三面向問題。這些「缺漏」皆爲中國在面向西方國家，爲求由傳統轉進現代時才逐漸浮現的。而更困難的，即爲中國本身還面臨存亡危機，必須在維持統一的情狀下，謀求這三面向議題的改善。孔飛力著；陳兼、陳之宏譯，《中國現代國家的起源》（香港：香港中文大學出版社，二〇一四年）。

概念衍生的思想。它認爲人性的「罪」是根深蒂固無可卻除，於是，想在人世間體現、實踐「至善」境界是不可能的。這個觀念遂成爲日後西方自由主義、憲政傳統中，對於人性陰暗面的警覺，以及通過制度面改革和設計來規劃，防止人性犯弊害的措施。這些政治觀念及行爲都是建構在相信人性幽暗面是不可能完全褪去，無法期盼一個「完美」人物擔任政治舵手。

反觀中國傳統思想，雖然也有注意人性可能敗壞的面向，惟此想法卻不如基督教信仰的「原罪」觀念，以爲是無法淨除的。儒家傳統注重的，是如何在現世通過修繕德性來克服且超越人性裡的罪惡，從而達到「至善」境界。在傳統思想邏輯裡，人成爲「至善」是可能的事情；由此摶成的政治觀念就認爲，人民必須將權力交予「至善」的「聖王」，由其「德性」治理天下。而這就是中國思想解決政治問題的基本方法。以此來論，中、西方世界在處理政治議題時，實存有根本性差異。西方世界會嘗試自客觀制度面設計，防堵可能出現的弊害；中國是期待具備完善德性、知識的人，領導和推動政治，促成和諧社會。而這也成爲我們評選政治人物的唯一、至高的標準。與西方世界從外在制度面著手相比，中國則是更期望政治從業者，能從內在德性的修養，克服各種誘惑、困境，轉化自我爲最爲合適的政治角色，協助國家解決問題，求取進步。這最終導致，人們較易缺乏對制度層面的思考與關切，並對「人」形成不切實際的依賴，且於現世世界產生烏托邦式想像。[51]

就此而論，晚清民初環繞著革命黨與民主共和，以及保皇黨與君主立憲兩種政治運動的聲音，實爲凸顯兩方知識分子對個體素質的強調，以及幽暗意識強弱的徵象。兩相比較，梁啟超較能注意人性幽暗意識面。他不相信人性本善，也認爲政治就是蘊藏髒污的工作，無法根除。循此，梁氏認爲必須提升個人素質到一定程度，方得逐漸轉向民主共和的體制。相對的，革命派人士忽略幽暗意識的問題。他們相信人，認爲中國社會理應達到行使民主共和政治的條件，不需緩漸提升、改善個人素質。況且，在革命黨人的想像裡，新政治帶來的是一個大公無私、上下意見相通達的現代社會，不存有太激烈的衝突與競爭。兩種對政治問題的想法、處理的手法與步調，以及理想目標的差異，凸顯革命黨人對人性的樂觀想法，和由此生成的烏托邦社會；以及保皇、立憲黨重視人性陰暗面，和對社會弊害的理性認識。這也與

51 關於「幽暗意識」之於中國、英美思想史的問題，請參見張灝的精彩討論：張灝，〈幽暗意識與民主傳統〉，收入氏著，《幽暗意識與民主傳統》（臺北：聯經出版，二〇〇六年），頁三—三十二。該書另收有〈超越意識與幽暗意識〉、〈訪張灝教授談幽暗意識與中國民主化運動的前途〉二文，亦值參考。

雙方傾向激烈轉化與調適漸進的思想傾向相互配合。

總的來說，革命與保皇立憲不僅是兩種對立的黨派、知識分子群體、衝突的政治選擇。他們更象徵著由不同思想模式觸發，關於政治困境的意見、解決方法和目標。殊異的思想模式，推促著不同政治選項在思想市場競爭。知識分子圍繞著「皇帝」存廢的論辯，實爲轉化與調適思想模式競爭的體現。辛亥革命的發生，及其後愈趨激烈的政局發展，反映了採取緩漸改革的調適思想，始終不爲多數人選擇。近代以來的政治變革，展現人們逐漸靠往激烈轉化的取向，且期待由獨具才能、氣質魅力的政治領袖來扭轉局勢。蔣介石與毛澤東，國共兩黨領導人就爲最好的例子。期望快速達成政治變革的目標，且缺乏對人性陰暗面的警覺，這類思想模式遂成爲近代中國的基調，主導歷史發展、變化。

這種思想模式是否已隨那個紛亂時代逝去而消失？以臺灣社會爲例，面對日常所及、民眾討論的政治議題，最習慣的解決方法是懷著換一個人會更好，特別是將清明政治的想望，寄託在一個沒有道德瑕疵、形象清白的候選者。還是思考設計較完善的體制，才得防止從政者可能犯的錯誤？進而論之，新聞傳媒日常使用的「政客」一詞，是否就象徵著社會對從政者高道德標準的期待。幾個問題的解答，揭櫫社會大眾對政治人物的多重期待，交織成對於當代政治世界的烏托邦想像。這就是因爲傳統思想較不注意人性幽暗意識所造成的。換言之，歷史傳統的延續性，其實就展現在政治問題的行爲實踐上。衡諸近幾年的臺灣，社會大眾開始樂於談論「開放政府」、「透明化」等議題，嘗試利用各種數位科技建置觀察、監督政府制度運作、人員理政的機制平台。這股風潮或可解釋爲，人民已逐漸認識到制度、結構面的重要性，且願意親自投身政治，監督每一個可能會犯弊害的人。

對皇帝制度的驟然放棄，意味著追尋現代性的中國，似乎得決絕割裂己身與傳統政治的任何聯繫。然這並不是成功的嘗試；體制雖替換，但作爲基礎的思想模式仍舊存續。在十九、二十世紀走過的改革歷程，凸顯兩個關於政治轉型的議題。首先，政治變革過程中實權核心是否需大幅度轉移，該如何設置，用何種方式與步調移轉？這必須結合當地社會實情、政治現況和歷史文化的內、外在因素，方得求取最適切的途徑。第二，高度仰賴「人」樂觀主義的思想模式，讓人們不夠理解人性幽暗面，錯失從體制建構來防止政治人物犯錯的機會。甚而，對人性、道德有高遠的盼望，容易讓中國重回共產革命時期，深信人類心力、意志能扭轉且再造世界。就如毛澤東謂「從靈魂深處爆發革命」，而這卻是引領中國走上激進主義的政治信仰。[52] 此見，當代中國若欲進行實質政治改造，如何拿捏傳統思想模式的特點，防止國家重回激烈革命的路向，實為首要之策。

二十一世紀的今天，革命或許已遠離生活，人類世界也不應再出現好或壞的皇帝。皇帝退出歷史舞台後，迎來的是每個人的生活方式都與「政治」密切甚至直接相關。唯有透過自我對政治議題、文化、環境與體系改革諸多問題的理解、思考和論述，人民才可能從思想市場裡做出較理性的選擇。或許人們不該再期待由某個人來帶領政治方向，也不該企求一蹴可幾的革新方式。政治清明、社會平等的烏托邦也許並不存在；等在眼前的，可能是一個充滿正反、矛盾意見交織且存在罪惡的世界。企圖急進、拔本塞源的改革方式，只會帶來持續的問題和動亂。就像自二十世紀以來的中國，從放棄帝制到現在，仍持續在政治轉型路上摸索合適方案。古老帝國在現代轉型過程遇到的課題，或許很適合當代臺灣思考。至少，我們得先放下對政治完人的殷切期盼，否則，很可能只會迎來下一位皇帝，或是另一場革命。

52 關於這種著重人心、意志「力量」之於政治轉型，甚而轉趨激進革命問題的研究，可參見：Maurice Meisner, *Li Ta-chao and the Origins of Chinese Marxism* (New York: Atheneum, 19791)，高瑞泉，《天命的沒落：中國近代唯意志論思潮研究》（上海：上海人民出版社，二〇〇七年修訂版）。

第柒章

中國皇帝與日本天皇有什麼不同？

胡煒權

日本天皇的政治權力長期以來是不少歷史學家的討論焦點。在日本的歷史發展裡，天皇的政治權力長期處於配角的地位，天皇積極、自動地行使君主權力的時期較短，而且自十世紀開始，佔有攝關之位的藤原北家、出身自軍事貴族的平氏和源氏，還有後來的室町幕府、豐臣政權和江戶幕府都先後把持國政，天皇作爲一國之君的政治位置更顯得黯然失色、曖昧不清。

即便如此，天皇家的確是存續下來，延綿至今。爲此，歷史學家也必須去解答以下的問題：「爲什麼天皇能夠存續下來，不至被廢黜。」意味著我們應該解構天皇權力＝王權的特質與天皇存續下來的歷史事實之間的關係。

然而，在進入考察之前，有一個重要且基本的要點，需要先行釐清。那就是什麼叫「王權？」「日本的王權是什麼？」；簡而言之，我們應該怎樣定義天皇「王權」的意涵？事實上，在日本的歷史學裡，史學家大約在十多年前開始注意到，文化人類學上的「王權」一詞在相關的各種論考中既廣爲流用，同時又存在被濫用的問題。

大多數討論「天皇權力＝王權」的論文、專著裡，不少都在日本「王權」的定義上避重就輕，甚至無限地對「王權」進行擴大解釋的傾向。當中最大的焦點包括上面提到的藤原北家、武士政權的權力與天皇權力的關係，即「日本是否曾經出現兩個（或以上的）『王權』」；或者在理解、定位武士政權的性質上，討論天皇權力＝王權怎樣一步一步被幕府將軍蠶食、吸收，成為一個政治上的傀儡與日本的象徵。

當昭和天皇於一九八九年逝去後，天皇的研究在日本國內的史學界裡開始熱烈起來，學者們充分認識到，要討論天皇王權的特質，便需要按照日本歷史發展的過程，尊重並基於日本獨有的特質去摸索、勾勒出天皇王權的固有特性和意涵，再與他國的王權作比較，避免過度向西方或中國的君主論、王權論傾斜，胡亂引用不同特質的王權論來硬套在日本身上。

日本史學界這個自省自戒的呼籲，對天皇權力問題感興趣的國外研究者也有同樣的警示作用。尤其是日本天皇是由同一個家族（天皇家族）發展出來，並且傳承至今。先不論日本神話的真確性高低，平心而論，這樣的歷史發展放眼在東亞及世界史來說，也是極為少有的例子。

面對這樣特殊的情況，國外的歷史學者有必要以日本的歷史發展作為基礎，找尋內裡發展出來的「王權」思想，並以值得參考的國外事例來輔助分析，而不是用硬套的概念。否則，我們對於日本王權的分析也將流於形式主義的比對，這對於找出日本王權的特質，可說是毫無幫助的。

在這裡特別與中國的專制王權和中央集權進行比較。因爲放眼世界史，能夠以這種由皇帝爲核心，在幅員遼闊的帝國裡長久地運行健全、行之有效的文官制度，可謂舉之無例。部分相關學者在不知不覺間以中國模式「掃瞄」日本的王權、統治和政體，結果理所當然得出中國的統治制度與王權的強度都比日本優越和強大，折射出帶有強烈政治意味、自我優越的結論。這種獨善主義的比較論述完全基於這些學者認定「王權＝專制王權」，絕對主義的王才是完美、理想上的王權。

可是，不啻在日本或朝鮮，放眼西方諸國的王國時代，王權走向專制、崇尚君權神授只是王權發展的一個階段，不是唯一型態。因此，在討論與分析中國古代帝國以外的王權時，必須跳脫出我們自身在文化上、教育上長期耳濡目染的「想像」，對世界王權的多樣性保持開放、持平的態度。

那麼，走出中國式的王權觀，我們應該怎樣審視、理解日本的王權發展特質呢？接下來的各節，筆者打算按時代發展，去掌握天皇王權在各時代的消長與變化原因。

日本天皇至公元七世紀末期成爲日本的政治代表與國家象徵後，直到現在都基本維持著這兩個身分。然而，隨著日本社會以及東亞世界的發展變化，天皇在日本國內的地位與扮演的角色消長不定，難以一概以「傀儡」、「徒有虛名」之類的概念去理解。同理，攝關政治與武士政權裡的天皇究竟擔當著一個什麼的角色，爲什麼他們會被保留下來，不被推倒，也不能單以「傀儡」、「徒有虛名」來含糊地解答。

同時，如果攝關、幕府將軍都具備統治日本的正統性和統治權，那是否意味著日本的王權並非單一的存在，而是可以被分割的一個權力？那麼，這也意味著天皇手上的王權並沒有完全被奪去和推翻，天皇的王權有某些部分是不可能被攝關和幕府將軍否定或取代的。就這個問題點，以下回顧幾個重要的日本歷史發展關鍵，來窺探天皇存續與王權發展變化的關係。

律令時代的王權：從共戴走向集權

七世紀的日本以大和盆地為中心。大和朝廷施行律令制的同時，仍然保留著以畿內部落豪族之長（群臣、大夫）為核心的聯盟統治制度，由眾大臣推舉大王（後來的天皇）作為共主，然後作為其臣下實行地方統治。

那時候的大王被神化為「現御神」，是為天照大神的在地代表和象徵，但同時也受制於部落統治的限制。而且值得留意的是，大和朝廷時代大王家的王權並非由大王一人所持，太上天皇（史書稱「皇祖」，前大王）、母后以守衛、保護的方式確保新大王統治初期的安定，同時如當時稱前大王、母后與大王「共列而坐」，分擔、共享王權，因此，從大和朝廷時代開始，王的王權已經出現「多極構造」，由王與王的近親（父母）握有權力，為後述的攝關政治敷下地基。

另一方面，大王家的家族與各豪族之間，以及大王家的各族之間結成合作關係，形成派閥，因而在推舉大王的過程中帶來了不穩定因素，五世紀末至六世紀的幾場大臣與大王之間、大臣之間和王族之間的政治變亂（如六二二年的乙巳之變、六七二年的壬申之亂）都反映當時大王的王權並不完全由大王本人來獨斷，而王位繼承權也受到臣下、王族的制約。

不過値得留意的是，與此同時，大和朝廷的大王神聖化也同步進行著。六世紀至七世紀逐漸成型的大王即位儀式裡，群臣向大王行跪拜之禮宣誓效忠，並且獻上象徵神明與王權的寶劍，而新大王則重新任命眾人爲臣。這種儀式象徵著大和朝廷的王權神授與群臣共推的意識形態混合在一起，構成一個共同體。這個共同體內部還推動並構建一個幻想的神話，群臣（氏族部落之長）先後創作、改造自身氏族的神話，主動與大和王權的大王和其祖神拉上關係，這行動一直斷斷續續的延續到八世紀，即桓武天皇遷都平安後。

八世紀的平安貴族也積極地通過整理、編寫各自家族的系圖，持續強化、重新確認與天皇家的主從關係。簡而言之，這種通過編寫家譜（新撰姓氏錄），重新創造神話，以及透過編纂國史（日本書紀、續日本記等）來確立了天皇神聖地位的行動，鞏固朝廷內部的君、臣地位和關係。

然而，要做到這個成果，中間其實還存在幾個重要的因素，以及需要長達上百年的時間。其一是在公元六世紀以來日本與朝鮮諸國的外交關係，爲大和朝廷提供了一個一致對外的窗口，這個種子到了六六三年的白村江之戰大敗後，海外（唐帝國）來襲的恐懼與不安籠罩著大和朝廷，迫使天皇與貴族們進一步結合起來。換言之，公元六至七世紀裡，在中國建立起來的隋、唐帝國爲東亞周邊諸國帶來巨大壓力，首當其衝的，不止是北方的突厥，位處東陲的朝鮮半島與日本大和朝廷，在一定程度上都是受到隋、唐帝國的興起而被迫作出對應。

第二則是國內的政治發展。上面提到了五、六世紀以來大和朝廷內部王家林立與部落出身的群臣結成多個權力派閥，這個局面引發了後來爆發的「辛亥之變」（五三一—五三四年）。成功在事變中取得勝利的欽明天皇在亂後順勢整理王族與群臣的關係，確立王統（王位繼承的血統順序）和王位世襲制的基礎。

然而，「辛亥之變」雖然阻止派閥之爭和王位爲他族所取代的風險，但另一方面的副作用則是因爲王統集中化的結果，王位繼承的問題由外部（外臣逼宮與王族串謀）轉向內部，也造成王族內部展開激烈的，且斷斷續續的發生王位爭奪問題。

這個由外轉內的改變成爲威脅大和王權穩定交接的巨大隱憂。特別是到了公元六世紀末，即前述的欽明天皇死後，接下來的數任天皇相繼短命而死，最終由皇女，即推古天皇繼承王位。當時的問題是女性天皇雖然可以繼承皇位，但在男嗣優先的根本理念下，女性天皇只是一個應急的特別措施，同時爲了保證王位繼承者的血統純正，女天皇不能與他族男子生出繼嗣。

換言之，女帝必然來自於王族的近親宗女，而且只爲等待更合資格的男性繼承人成年後交棒，女帝讓位成爲必然的結果。可是，不幸的是推古天皇之後，直系王嗣一直寡弱，衍生出女帝（王族出身的皇后）即位和近親王族支系爭奪繼承權的惡性循環。在這段時期（七世紀中葉至末期）裡，直系王嗣的不穩定成爲大和王權的重大危機。這個問題經過壬申之亂後，最終到了八世紀末桓武天皇繼位，並且遷都平安京後，才得到解決。

第三，上述持續超過一世紀的皇位繼承問題雖然引起多次不安，但這時期也朝著穩固王權的目標前進，各種整頓王室、王族的新制度，以及強化王權的絕對性政策陸續推出。如七世紀末推行的八色姓制度（臣籍身分政策），以及新導入的皇太子製度，取代富有部落色彩的大兄制，限制各王族爭奪繼爭權的權利，並奠定天皇任命王位繼承人的權利。

與此同時，八世紀初聖武天皇積極從唐、朝鮮半島導入佛教，也是強化王權的重要一環。聖武天皇在七四三年的《大佛造立詔》中強調「夫有天下之富者朕也，有天下之勢者朕也」，可謂是象徵天皇王權下，規定國土、國家與國民皆從屬「王土王民思想」之下的重要展示。這些從政策、思想上的準備到了桓武天皇登場後，配合遷都平安京，擺脫了大和貴族層的制肘，在新天地重新構築王權提供機會，迎來了九世紀至十世紀約百年間王權高漲的高峰時期。

王朝時代的王權：出現攝關政治與院政

光仁天皇（四十九代）因稱德天皇（四十八代）死後無嗣，幸運獲得群臣推舉為新天皇，因此，第五十任天皇桓武天皇受惠其父．自己也成為了皇太子。由於光仁天皇及桓武天皇一脈本處於王統的遠端，只靠群臣推舉才得以得到王位。因此，如眾多歷史學者所言，桓武天皇在位時的諸政策可以說是來自於他對出身的自卑與缺乏政治資本的壓力而來的。

八世紀末，桓武天皇利用當時盛行的陰陽五行之說，決意從奈良遷都，先至長岡京，後來終於落戶平安京，這都是為了擺脫對自己統治不利的困境，在新天地平安京構建自己的王權與權威。與此同時，遷都的結果也瓦解了數世紀盤踞在大和盆地奈良貴族的政治資本，為強化王權掃除了阻礙。

但是，必須留意的是，與當時遷都計劃平行推進的，還有桓武天皇積極的導入唐帝國典章的改革政策。派遣遣唐使和導入仿唐官僚制度都是強化王權的裝置，加上在天皇晚年推動的蝦夷征伐和增建平安都城，更強化視覺上的天皇權威。這樣一來，天皇努力地通過革新政治、消除外患（征夷）向國家強調天皇的使命，確立天皇作為國家統治者的權威。

然而，桓武天皇因自卑心產生的過人精力對他的後代而言，卻是一個重大難熬的壓力和負擔。上述的諸制度和政策大多都是桓武天皇自遷都平安後相繼完成的，與大和朝廷時代相比，原本需要群臣推戴的天皇仿傚唐帝國皇帝，搖身一變成為日理萬機的專制君主，上下井然的君臣關係也開始形成。

中世紀日本貴族所高歌的「延曆（桓武天皇年號）盛世」背後完全依靠魄力超然的天皇來支撐，到了繼任的平城天皇和嵯峨天皇（皆為桓武天皇之子）的時代，這個格局還能勉強維持。但是，平城天皇和嵯峨天皇交接之時，兩人與皇父的能力差距明顯，加上桓武天皇時代的政治壓力已經在遷都後一應消除，親身執政的需要也相應減低，隨之而來的就是天皇權力的重新定位和王位交接的問題，這最終引發了兄弟相爭的「藥子之變」。

幸然在「藥子之變」後，王統再次穩定地由嵯峨天皇系統傳承下去。這時候，經過桓武、平城、嵯峨、淳和和仁明五代天皇的經營，平安時代的天皇權力受惠於內外局勢相對穩定的幫助，天皇專制統治的必要性已經大幅下降。天皇最為關心的課題也轉為怎樣使天皇家的地位穩定。

在這個轉向下產生了兩個重大的發展方向，其一，桓武天皇苦心經營的專政權力，最終成爲後繼天皇們的過重負擔，仁明天皇後繼任的文德天皇主動分割，下放部分權力給予擁立有功的外戚藤原氏（北家）來分擔國家政務。另一方面，文德天皇以後的天皇則在兼任國家統治者的同時，與當時的貴族一樣，開始利用手上權力，在日本全國各地集結莊園，作爲天皇家的私財私產。這兩個政治舉動奠定後來的攝關政治與之後院政政治的形成。

提到攝關政治與院政，過往有不少研究者都將兩者視爲對立的現象。但經過十多年的重新研究後，證明兩者其實是一脈相承的關係。

(1)攝關政治

「攝」即「攝政」，「關」即「關白」，在大和朝廷時代，「攝政」一直是王族必然擔任的輔政之位。但到了仁明天皇以後的文德天皇、清和天皇和陽成天皇時代，即公元九世紀中葉以後，藤原良房的藤原氏（北家）開始成爲天皇的外戚，良房首次以人臣兼外戚身分晉身攝政之位，到了後來更兼任關白、太政大臣之位。這個變革跟當時天皇早逝和應天門之變

（八六六年）的政治鬥爭之後，藤原氏（北家）確立貴族階層裡的壟斷地位，並利用外戚身分與天皇家緊密結合起來。

但這裡要留意的是，藤原氏（北家）攝關政治的發端與天皇主動配合有著莫大關係。尤其是天皇限定擔任攝關的藤原氏獲得准三宮的地位，位列天皇的近族。這種擬制血緣身分的門檻便是與天皇有沒有外戚關係。嚴格來說，不是藤原氏（北家）一族都可自由的獲得攝關地位，而是僅限於與天皇有姻戚關係的族人才可獲得這個資格。因此，基於這種親近的血緣關係（外祖父、舅父），加上藤原氏出身的母后及妻后身在其中，與天皇形成三角關係，共同鞏固天皇王權。換句話來說，攝關、母后和妻后以及天皇三方加起來才是構成天皇王權的因子。

藤原氏把持朝政沒有奪去天皇王權而自立的原因是什麼呢？答案很簡單，在政治上是不可能的。在桓武天皇遷都平安京之後，天皇通過唐化政策等措施強化王權；相反，失去與土地的聯繫，政治資本大幅削弱的貴族們（包括藤原氏）轉爲依附天皇的權威，如大和朝廷時代一樣，在編寫家族系譜裡，尤其是祖先部分紛紛與天皇先祖天照大神或神武天皇扯上關係，強調自己家族成爲貴族的正當性與神聖性。

反過來說，貴族爲了強化自己的神聖性和地位，間接強化天皇的神聖性和絕對性是必然的結果。至於藤原氏也同樣創造了方便自己成爲攝關的家族神話。簡單而言，在相關的神話裡，藤原氏的遠祖天兒屋命受命跟從天皇的遠祖天照大神的子孫瓊瓊杵命下凡統治人間。換言之，藤原氏製造的家祖傳說既強化了自己成爲攝關的必然性和正當性，同時按同一道理邏輯，藤原氏自我定位爲「侍殿防護」天皇的首責之臣，也自我否定取代天皇的可能和合法性。

加上其他貴族也同步創作與天皇攀附關係的神話，一旦藤原氏輕忽改動了整個「秩序」，所造成的混亂對藤原氏來說是得不償失；同時，九世紀至十世紀的日本國內外沒有明顯刺激、挑動政局改變的重大條件，攝關藤原氏繼續通過外戚關係，與天皇共存共榮在客觀上也是合理的選擇。

攝關之位和相應的權勢都與天皇有著密切的關係，在自我否定超越天皇的可能後，藤原氏只能選擇繼續與天皇拉近距離，同時又要保留天皇的神聖性和絕對性。不過，這裡唯一的隱憂便是與天皇的姻戚關係能否永久保持下去。這個問題在權傾朝野的藤原道長死去後不久，與藤原氏女性沒有婚姻關係的後三條天皇（一〇三四—一〇七三年）繼承皇位後，重新領導日本，攝關藤原氏的權勢也相應受到壓抑。

雖然如此，藤原氏並沒有沒落或被清算，後三條天皇以降的天皇仍選擇與攝關藤原家共存共榮，但在這個選擇背後，存在抑制藤原家勢力的工作，包括壓抑莊園亂立的問題（延久整理令），重新規範國家稅收標準等。然而，要留意的是，後三條天皇的治政結果雖遏止藤原氏的權勢，重新強化天皇的存在感，但這些政策的本質卻是為了與藤原氏分利，如在藤原氏強勢之中，收刮國家資源（莊園）。

因此，後三條天皇既善存藤原家，同時也將自己化為「另一個攝關藤原家」，成為一個有王者之名的「莊園領主」。還有，要與藤原家分利，必須與藤原家共存，也要與藤原家保持一定距離。達致這個平衡的方策，便是下面提到的「院政」。

(2) 院政

「院」乃指天皇之父和祖父，即太上（天）皇的尊稱，在日本歷史太上皇的出現可追溯至大和朝廷時代的聖武太上天皇。但是，跟那時候不同的是，大和朝廷的太上皇大多只是為了保護幼少天皇成人而設的應急措施，嚴格上而言，仍然以天皇為尊，當時的太上天皇也沒有獨立部署和政治權力，充其量只是天皇的代理人，跟平安時代中期（十一世紀）的太上天皇性質殊異。

平安時代的太上天皇一般被稱為「治天之君」，以「天皇之父」之尊行使父權來代理天皇治政，即為「院政」。院政的出現除了上述的攝關藤原氏的抬頭下，天皇急欲與藤原家分享國家財產（建立莊園等）外，當時的日本受惠於平順的國內外環境，六世紀以來的律令制失去了發展方向和目標，龐大的官僚機構也失去了存續的意義。在藤原氏壟斷朝局的情勢下，朝臣的身分上升機會減少，地方行政和稅收系統運行如唐帝國那樣的模式已經不合時宜。

於是，以天皇為核心的平安朝廷將國家轉變成一個家政機關，由天皇到藤原氏，再到各層貴族分別成為莊園領主，地方行政區（國）則完全交由地方行政長官（受領）全權管理，甚至將一整國賜予貴族為食邑（封國），中央朝廷只要求他們上繳定額的稅收給予中央，作為交換。

天皇家的王權也在此時出現內部的變革。當時的天皇為了減少受到藤原氏的左右，自後三條天皇時代開始推動的院政，目的就是自行確立後繼者，而且不止於儲立皇太子，而是先讓太子成爲天皇，自己以前任天皇（太上天皇）、天皇之父以及天皇家的家長三重身分「守護」天皇與皇室。

平安時代的太上天皇（院）與大和朝廷時代的太上天皇不同的是，前者確實建立一套私屬的架構，即所謂的「院政」官人，還有「院」以退休天皇的身分，相對不受律令規範制肘，更自由地與藤原氏競逐私產，廣開莊園（即院領），成爲私產。這些私產在「院」死後會大部分傳給現任天皇，剩下的則分給其他王族（子女、妻妾）。

雖然如此，在國政上，「院」避免與天皇出現矛盾，不會與天皇爭奪統治權，但爲了確保自己理想的血脈、理想人選得以在自己死前繼承皇位，「院」會利用天皇之父身分勒令現任天皇退位、讓位。

太上天皇這種肆意爲自己的計劃而更換皇位的動作，自然使攝關藤原氏以及時任的天皇感到不滿，最終，這些矛盾在保元、平治之亂時完全爆出，更造就了本來份屬天皇、院的「私兵」——源平武士貴族的抬頭。天皇的王權也因此迎來了重大的轉變。

武士時代的王權：將軍與天皇的共存共榮

保元、平治之亂（一一五六—一一五九年的皇位爭奪）後，武士政權相繼登場，更獲得統治日本的強大權力，直到一八六四年的明治維新爲止。那時候的天皇王權又是怎樣的情況？首先想到的，就是築起首個武士政權的平清盛仿傚攝關藤原氏，送出女兒成爲天皇之妻，使平家成爲天皇的外戚，然後再讓平家子弟相繼成爲貴族，把持朝廷國政。

其次是在平氏滅亡後，源賴朝在鎌倉成立首個幕府政權。有史家以源賴朝與天皇分治東、西日本，反映出當時存在兩個「王權」（京都朝廷與鎌倉幕府）。更有甚者，在一二二一年的承久之亂後，鎌倉幕府以流放之刑處罰了對敵的後鳥羽等三位天皇，這事件成爲數百年後明治時代批評鎌倉幕府爲「逆賊」政權的一個重要罪證。

在這裡，筆者認爲有兩個重點要留意。第一，平清盛的確取代受到保元、平治之亂打擊而走向衰弱的攝關藤原氏，掌控朝廷大權。然而，平氏與後來的源氏（鎌倉幕府初期）一樣，本來一直以守護天皇與朝廷爲己任。攝關藤原氏在保元、平治之亂後走向衰落，源平兩家便雙雙通過天皇、院的支援成爲新興勢力，繼續與朝廷的藤原氏抗衡。

這裡要留意的是，源平崛起並加入朝廷內部後，仍然是以院政或天皇屬下的勢力在京都活動，即使平清盛在平治之亂後能夠在京都掌握政治，究其原因也是因爲靠著天皇的配合（屈服）而成就。一一七九年的政變（治承三年）後，王族的以仁王和後白河法皇（即出家的太上天皇）下達討伐平家命令，平家隨即被孤立，敗走九州。可見，平家與天皇結親不等於獲得了「免死金牌」。

那麼，源賴朝的鎌倉幕府是怎樣呢？尤其是承久之亂時，爲什麼幕府敢處罰天皇呢？那是因爲十三世紀（中世紀中期）爲止的天皇觀。前面提到，天皇在遷都平安京之後，通過導入唐帝國的文物、典制來強化權威，也將唐帝國的儒家思想帶來了日本。平安時代的天皇在沒有巨大的政治威脅下，權力下放，國家政務也分配給攝關藤原氏來管理。

從那時起，天皇由政治代表慢慢轉變爲國家象徵、精神支柱，但同時受到來自唐帝國的德治、君德思想影響，不作爲就是不適合朝廷，損害國家利益的天皇被視爲無德之君，將受祖先，即天神懲罰，甚至必要時由貴族代替上天來逼退天皇，因此，執意挑戰幕府，最終被鎌倉幕府打敗而遭到流放的後鳥羽天皇也被視爲不合天意的君主，在幕府以及貴族社會都受到了指責。

不過，這裡要留意的是，當後鳥羽天皇決定與幕府爲敵時，不少鎌倉幕府旗下的武士都不敢立即支持幕府，因爲當時的武士仍然以奉侍天皇爲己任，但在親鎌倉幕府的貴族大江廣元強調「天治天罰」思想下，終於將天皇打敗，歷史上也開啟武士干涉政權及控制朝廷、貴族的首例。

承久之亂後，天皇的權力大大地受到鎌倉幕府的干預，而那時候的天皇家受到後嵯峨天皇先後讓兩個兒子，後深草天皇與龜山天皇繼位，因而出現皇統分裂危機，這個問題最終發展成著名的「一天兩帝南北京」，即南北朝內亂時代。

南北朝時代結束後，勝利一方的北朝天皇，受到新建立的室町幕府足利將軍的保護和扶持。那時候的朝廷和貴族在經歷南北朝時代的戰亂後已無力回天，完全依靠幕府的支援來回復元氣。

即使如此，足利將軍沒法，也沒有打算奪取天皇的王權，而是按照從前藤原氏的做法，從天皇那裡獲得統治權力。換言之，足利將軍跟當年的藤原氏一樣，爲了獨佔天皇的「授權」，必須努力強化自身權威，獲得接近天皇的權位。

足利將軍沒打算奪取天皇的王權，這是因爲當時天皇和朝廷雖然積弱，但足利將軍作爲諸武士的共主，必須借助天皇的權威製造差距，也因爲室町幕府吸收南北朝內亂的教訓，因而將天皇牢牢的放在自己身邊，自己坐鎮京都（天皇所在、日本文化中心），以免自己失去了大義名分。而室町幕府，以至後來的江戶幕府都視天皇爲不可或缺，原因就是天皇當時已經不是一個政治領袖，是當時日本人的宗教信仰、文藝學問上的精神領袖。室町幕府的足利將軍在各種禮儀上仿傚天皇的樣式，而不是積極獨創新的樣版，也說明了足利將軍對天皇的態度是利用也是倚仗天皇的權威。

經過低迷的戰國亂世時期，天皇到江戶時代繼續受到幕府德川將軍的保護。但與室町幕府不同的是，江戶幕府強調用法度來控制，將天皇與朝廷完全納入規範。一六一五年訂立的《禁中（天皇）並公家諸法度》的第一條「天子諸藝能之子，第一御學問也」的精神，表面上看來是將天皇限定在專注學問之中，但上面提到室町時代時已經提到，中世紀以來的天皇已經成爲了宗教、學術（和歌、音樂）的代表及象徵，因此《禁中（天皇）並公家諸法度》第一條的精神，事實上是要重新強調天皇的本來定位，克服戰國時代天皇權威低下的過去。

此外，江戶幕府在行政方面通過設置「京都所司代」去監視天皇與朝廷，但在思想、宗教方面則同時刻意強化天皇的權威和神聖性，特別是江戶時代初期積極導入重視名分論的朱子學，鞏固德川將軍獲得天皇「大政授權」來統治日本。結果，江戶時代中期時，在全國知識層冒起了「尊王佐幕」思想，這同時也成爲了著名的幕末「尊王攘夷」、明治維新時倒幕派大聲疾呼「王政復古」的基礎。

萬世一系天皇與王權

以上簡單回顧古代到武士時代天皇的地位和王權變化。如不少傳統說法一樣，武士時代的天皇看似是一個任人擺布的傀儡，既沒有「實權」，也沒有治權。然而，從上述的內容可以看到，這個傳統看法裡有一個盲點，因中世紀的朝廷已經刻意在宗教、民俗、文學各方面神化天皇的絕對性和脫俗性（但同時又以德治思想來限制天皇的個人行爲），在這計劃下，王權中的權威與統治權分家，統治權成爲輔助天皇的權力者（攝關、幕府將軍）的囊中物，而權威則溫存在天皇家手中。因而天皇的王權早在中世紀初已經確立王權多極化、分割負擔的模式。

天皇雖然可以被廢，可以被迫退位，即使是南北朝時代的分裂，充其量不過是兩個王家分系爭奪天皇正統的內部矛盾，除此之外，天皇家從不曾受到來自外部的挑戰和威脅。筆者認爲，這個現象與差不多同時期的英國都鐸王朝提倡，再由美國歷史學者（E.H. Kantorowicz）整理並指出的「君王的兩個身體論」（King's Two bodies）是十分相似的。

即天皇（君主）一人存在兩個「身體」，一個是自然（個人）的身體（The Body Natural），一個是政治的身體（The Body Politic）。前者就如前文所述在德治思想下，天皇（個人）的不德、政治對立而招至朝廷貴族的罷免，但即使個人的身體受到懲處（退位、流放等），後者，即天皇的「政治的身體＝天皇之位和制度」不會因爲個人身體的問題（不德）而受到牽連。

進一步套用引援「君王的兩個身體論」的話，中世紀以來日本天皇與其說是放棄統治權，不如說他們通過不斷的神化、聖化「天皇」存在和意義，爲天皇製造了「兩個身體」，一個是化爲人形的「神國」代表，不死、不滅、不老的「現御神」，一個是承載這個「現御神」的器皿，也就是天皇個人的、自然的身體，有七情六慾且會經歷生老病死的肉體。

攝關藤原氏、幕府將軍通過一個想像的契約（授權），或利用聯姻、政治任命的方式代理國家的統治權。但千年來，各式各樣的神化下，這個權力已被定性爲從古代到近代，從一開始到永遠，都是天皇的所有物。天皇的身體被廢位、被流放或面臨死亡時，「政治的身體」好像靈魂一樣，通過即位、讓位儀式和血統關係轉移到新天皇的身上，然後繼續傳承下去。

總結來說，日本王權在早期出現的分割和多極化現象既是該國獨有的、半封閉的歷史發展下慢慢造就的結果，同時也是古時日本上層知識層爲了建構合乎大部分既得利益者（天皇與貴族）的政治神學，而逐漸催生而成的產物。這個產物隨著時代發展，在江戶時代後期的國學者手上被概括爲「萬世一系」的神話——由神話時代至現在一脈相承、君權神授的存在。

參考書目

(1) 慈圓《愚管抄》、岩波書店《日本古典文學大系》一九六七年。
(2) 北畠親房《神皇正統記》、岩波文庫、岩佐正・校注，一九七五年。
(3) シリーズ日本古代史⑤平安都遷都、岩波新書、川尻秋生，二〇一一年。
(4) シリーズ日本古代史⑥摂関政治、岩波新書、古瀬奈保子，二〇一一年。
(5) 日本史史料①—③（古代——近世）、岩波オンデマンドブックス，二〇一六年。
(6) E.H. Kantorowicz, "The king's two bodies-A Study in Medieval Political Theology", Princeton University Press, 1957。

HISTORY 043

重新思考皇帝：從秦始皇到末代皇帝

編　著　者—胡川安
主　　　編—林菁菁
企劃主任—葉蘭芳
封面設計—十六設計
內頁設計—李宜芝

董　事　長—趙政岷
出　版　者—時報文化出版企業股份有限公司
108019 台北市和平西路三段二四〇號七樓
發行專線—（〇二）二三〇六六八四二
讀者服務專線—〇八〇〇二三一七〇五
（〇二）二三〇四七一〇三
讀者服務傳真—（〇二）二三〇四六八五八
郵撥—一九三四四七二四時報文化出版公司
信箱—10899 台北華江橋郵局第 99 信箱

時報悅讀網—http://www.readingtimes.com.tw
法律顧問—理律法律事務所　陳長文律師、李念祖律師
印　　刷—紘億印刷有限公司
初版一刷—二〇一九年八月二十三日
初版二刷—二〇二三年九月六日
定　　價—新臺幣三三〇元
（缺頁或破損的書，請寄回更換）

時報文化出版公司成立於一九七五年，並於一九九九年股票上櫃公開發行，於二〇〇八年脫離中時集團非屬旺中，以「尊重智慧與創意的文化事業」爲信念。

重新思考皇帝：從秦始皇到末代皇帝 / 胡川安編著 . --
初版 . -- 臺北市 : 時報文化 , 2019.08
面；　公分 . -- (HISTORY)

ISBN 978-957-13-7900-5(平裝)

1. 中國史　2. 帝王

610.4　　108011963

ISBN 978-957-13-7900-5
Printed in Taiwan